内蒙古黄河历史文化 中

李　锐　崔思朋 编著

国家图书馆出版社

目　录

第五章

秦汉大一统：农业在黄河河套流域的发展与环境变迁

车家渠城址（高兴超摄影）

第五章图表索引

秦朝（前221年—前206年）是战国时期的秦国经过了长期的兼并战争，最终消灭了中原大地上的各个分立国家，建立起的中国历史上第一个统一的封建王朝，秦朝中央集权制度的建立，奠定了中国二千多年政治体制的基础。秦朝的疆域随着统一战争而迅速扩展，根据《史记·秦始皇本纪》记载，其疆域"地东至海暨朝鲜，西至临洮、羌中，南至北向户，北据河为塞，并阴山至辽东"[1]，总面积达340万平方公里左右。秦朝虽国祚短暂，从正式建立国家到灭亡不到二十年的时间，但开启了中国大一统王朝的发展历史，为中华文明的发展演变产生了深远的历史影响。秦朝建立初期，就北击匈奴收复河套地区，为汉代开发治理河套地区奠定了基础，历史影响深远。汉代不仅继承了秦朝时开拓的疆域，甚至还有所拓展。

汉代（前206年—220年）是在秦末农民起义及楚汉相争的混战中，汉王刘邦打败项羽后建立的封建王朝。汉朝是继秦朝之后中国的第二个大一统王朝，分为西汉（前206年—25年，也作"前汉"）与东汉（25年—220年，也作"后汉"）两个阶段，前者以长安为都，后者定都洛阳。汉初的"文景之治"与汉武帝时期一系列内政外交政策的推行，将汉朝统治推向了鼎盛阶段。汉朝不仅是中国历史上

的一个黄金时期，也对世界历史发展产生了深远影响。汉族——现代中国的主体民族正是因此而得名。汉代以后，王朝的名称虽有变换，但"汉人"作为主体人群的名称却一直保留至今。也是从西汉起，中原王朝开始大规模向河套地区移民并进行土地开垦，中原地区先进生产技术和富余的劳动力的进入，促进了河套地区农业的发展。这也是原始农业在该地区衰落后，再一次人为发展农业的关键时期。

经历秦汉四百余年的开发建设，内蒙古黄河流域迁入了大批以农业为主的中原移民，农业生产有了较快发展，围绕着农业也形成了辉煌的历史文明。内蒙古黄河流域是秦汉时期中原王朝与北方草原游牧民族匈奴人碰撞与交融的前沿地区，中原王朝在与匈奴政权接触的边地大规模修筑长城，向这些地区进行移民及屯田，但始终都未能彻底断绝匈奴人的南下侵扰。汉匈双方在这里上演了一幕幕可歌可泣的宏大历史画面。与此同时，大规模移民及不合理的土地开垦导致当地自然环境受到了一定破坏，这是河套地区最早的由人为因素导致的环境问题。伴随着中原王朝势力衰退和草原势力的再次崛起，以及河套地区环境的渐趋恶化，到了魏晋南北朝时，这一地区的农业生产逐渐消退了，这对于当地自然环境的恢复起到了一定作用。

一、中国早期北方草原上的游牧政权

在中国的传世文献中，匈奴是最早活动于中国北方并建起了政权的游牧民族。战国以前的汉字文献资料，多将北方游牧人群称为"鬼方""猃狁"等。到了战国及以后，"匈奴"一词开始反复在文献中出现。匈奴是北方草原上第一个与中原王朝之间展开了激烈碰撞与交融的草原民族，对中华民族的历史演进产生了深刻影响。

（一）有关"匈奴"族源问题的争论

匈奴究竟由何而来？学界通过不同视角对此进行了较为广泛的考察研究。据传，华夏民族与匈奴族本是同源的，但在公元前16世纪夏朝灭亡之后，夏后履癸的一支后裔逃到北方，在吞并其他部族之后成为匈奴族。这是根据《史记·匈奴列传》所载："匈奴，其先祖夏后氏之苗裔也，曰

淳维。唐虞以上有山戎、猃狁、荤粥，居于北蛮，随畜牧而转移。"[2]但这也是司马迁根据传说的推测之结论，并无过硬的史料依据，因而有关匈奴起源的考察研究，历来受到学者们的广泛关注。目前，学界关于匈奴的族源，有如下五种不同说法：（1）匈奴人是汉人苗裔说，（2）古代的荤粥、猃狁、鬼方、混夷皆是匈奴的不同称呼说，（3）匈奴来源于西方说，（4）匈奴与其他族毫不相干说，（5）匈奴来源于鲜卑和通古斯说。[3]

根据林幹先生的研究，匈奴族源应包括荤粥、鬼方、猃狁、戎、狄、胡在内的所有原先活动在大漠南北的各族，而不是来自单一的氏族或部落。[4]学界目前较为同意王国维先生《鬼方昆夷猃狁考》一文的观点，即匈奴来自商周间的鬼方、混夷、荤粥，宗周时的猃狁，春秋时的戎、

狄，战国时的胡。[5]张久和主编的《内蒙古通史》第一卷中，在讲述匈奴族源问题时综合了以往学界提出的各种观点后总结指出："匈奴名称出现以前活动于大漠南北的各族，经过长期分合聚散，因'匈奴'于其中居于主导地位，形成了以匈奴为称号的游牧民族集团。所谓鬼方、混夷、猃狁与匈奴乃一音之转，是这一观点的主要依据，但其审音勘同方法的使用并不严密。从文献史料和考古资料中，也很难就匈奴族源得出这样明确的结论。有限的史料并不能确证上述一些北方族具有一脉相传的关系。如果说'匈奴'这一名号下包含了先前出现的北方各族的成分，则是可以为人所接受的，不过这又归结到了匈奴的民族构成而不是族源上面了。"[6]可见，匈奴的族源问题尚待学界进一步研究。

就匈奴民族的发展阶段而言，匈奴兴起于公元前3世纪（战国时期），衰落于公元1世纪（东汉初年），匈奴自东汉初年分裂为南、北两部之后，南匈奴入塞，北匈奴西迁，部族内部发生了很大变化（图5-1）。匈奴在大漠南北活跃了约三百年，其后又在中原地区继续活跃了约两百年，对中国及世界历史的发展都曾产生过深远影响。[7]具体说来，匈奴最初于战国后期崛起于大漠南北地带和鄂尔多斯高原北部。《史记》记载："当是之时，冠带战国七，而三国边于匈奴。"[8]三国即指秦、赵、燕三国。

对于匈奴族源问题的探讨，并非本章重点，但匈奴无疑是与秦朝建立的大一统中原王朝对峙的第一个，也是影响极为深远的北方草原游牧民族。秦、汉王朝与匈奴的这种关系，

图5-1　乌尔吐沟战国墓地（鄂尔多斯博物馆供图）

对后世中国的历代中原政权与其北方游牧狩猎民族之间的关系也具有深远的影响。具体地讲，如同隋唐与突厥、宋朝与契丹、女真，以及明朝与瓦剌、鞑靼的关系。总之，如果通观中国历史，在某种意义上，中国的历史就是其南部的农耕民族与其北部的骑马民族之间彼此纠葛、互为依存的历史。[9] 因此，匈奴同秦、汉王朝之间的关系也可视为中国古代中原王朝处理与北方草原民族政权关系的一种先例，对于这一关系的考察也是理解中国历史的一个不可或缺的方面。

（二）"匈奴"的基本社会状况

匈奴是古代蒙古高原上一个庞大的游牧民族集团，最初在蒙古高原的鄂尔多斯地区建立了国家政权形态。战国时期，匈奴人在物质文化上开始进入铁器时代。铁的使用推动匈奴社会生产力进入到崭新的发展阶段，不仅促进了畜牧业的繁盛发展，同时也带动了草原上农业与手工业的发展进步。匈奴人的经济生活以游牧为主，处于游居不定的生产及生活状态，如《史记·匈奴列传》所载：

> 匈奴……随畜牧而转移。其畜之所多则马、牛、羊，其奇畜则橐驼、驴、骡、驮䮨、騊駼、驒騱。逐水草迁徙，毋城郭常处耕田之业，然亦各有分地。毋文书，以言语为约束。儿能骑羊，引弓射鸟鼠，少长则射狐兔，用为食。[10]

可见，畜牧业是匈奴社会的主要经济类型，这深刻影响到匈奴的生产与生活，因而匈奴之习俗是"人食畜肉，饮其汁，衣其皮；畜食草饮水，随时转移"[11]。为了配合畜牧业的生产方式，匈奴人形成了逐水草而居的生活方式，根据《中国社会史料丛钞》一书的梳理，"匈奴建筑"是以旃帐为居，号曰"穹庐"，并援引记述道：

> 《匈奴传》："匈奴父子同穹庐卧。"《注》："师古曰：穹庐，旃帐也。其形穹隆，故曰穹庐。"
> 《盐铁论》："匈奴织柳为室，旃席为盖。"[12]

逐水草而居的生产及生活方式下的匈奴人也建立了城池，作为政权的标志，《汉书·陈汤传》中对于匈奴人在草原上兴建的城池有过这样一段记述：

> 明日，前至郅支城都赖水上，离城三里，止营傅陈。望见单于城上立五采幡织，数百人披甲乘城，又出百

余骑往来驰城下，步兵百余人夹门鱼鳞陈，讲习用兵。城上人更招汉军曰"斗来"。百余骑驰赴营，营皆张弩持满指之，骑引却。颇遣吏士射城门骑步兵，骑步兵皆入。延寿、汤令军闻鼓音皆薄城下，四面围城，各有所守。穿堑，塞门户，卤楯为前，戟弩为后，印射城中楼上人，楼上人下走。土城外有重木城，从木城中射，颇杀伤外人。外人发薪烧木城。夜，数百骑欲出外，迎射杀之。[13]

由此段叙述可以看出，匈奴统治时在草原上修建的城市多为统治者及军队所居住，在更广阔的草原上，那些匈奴人则仍是过着各有分地、逐水草而居的游牧生产与生活，定居建筑仍旧比较少见（图5-2）。

对于匈奴的社会性质，国内外学者的意见不尽一致，目前存在着"联邦（合）制""奴隶制""封建制"三种主要观点，持第一种观点的主要是国外学者，国内学界则主要有"奴隶制"和"封建制"两说。李春梅在综合各不同观点的基础上，对匈奴社会性质总结指出：匈奴政权的社会性质比较复杂，从对匈奴社会的分封制、主要生产资料的占有方式、社会生产的主体承担者及赋税制度等有关史料的分析来看，匈奴政权的社会性质更符合"封建制"主要特征，而不是"奴隶制"或其他的所谓"联邦制"等。[14]

图5-2　游牧民生活场景创作油画（鄂尔多斯青铜博物馆拍摄，赵国兴摄影）

图 5-3-1　青铜当卢

图 5-3　青铜车马饰件（鄂尔多斯博物馆供图）

图 5-3-2　青铜马面饰

图 5-3-3　青铜节约

图 5-3-4　青铜马衔

（三）中原王朝与匈奴政权之间的互动

黄河环绕的鄂尔多斯地区在战国及秦汉时期的中原王朝与匈奴政权对抗过程中有重要地位。大约从战国初期开始，以匈奴为主的草原游牧民族开始活动在山陕及内蒙古一带，他们在长期的游牧生产及生活中逐渐具备了骑马民族的特征（图5-3），不但有成群的牲畜，而且有极具战斗力的骑兵部队，屡屡对秦、赵等邻近蒙古草原的中原国家构成军事威胁，史书中也多有此时期匈奴南下侵扰的记载。

自战国至西汉前期，匈奴先后两次迁入鄂尔多斯高原，并最终于汉武帝元朔二年（前127年）迁离该区域。[15]

在战国时期，地处北方的燕、赵等国沿着北部疆域沿线修筑长城也多是因为抵御匈奴的南下侵扰（图5-4）。与此同时，中原秦、赵等国针对鄂尔多斯地区[16]展开了争夺，赵武灵王之所以多次进入鄂尔多斯地区，目的也在于攘胡扩地，清除这一地区游牧民族的势力威胁，也可以由此地直接攻击秦国。对于秦国来说，鄂尔多斯的战略地位更加重要，一旦失去了对鄂尔多斯的控制，秦国北方门户

图 5-4-1　巴彦淖尔市战国赵长城

图 5-4　战国时期长城遗迹（1图由内蒙古博物院供图；2图由鄂尔多斯博物馆供图，赵国兴摄影）

图 5-4-2　伊金霍洛旗纳林塔战国秦长城

大开，京畿之地直接受到匈奴的威胁，因而秦国也十分重视对鄂尔多斯地区的防务。[17] 由此足见，鄂尔多斯地区在防范匈奴南下侵扰与在北部边疆拓展领土方面的重要历史意义，这也与黄河环绕着鄂尔多斯的优越地理位置有关，黄河环绕不仅成为草原政权南下侵扰的天然屏障，而且黄河流经为当地匈奴人的生存和农牧业发展提供了必要的水源，这一得天独厚的地理区位是促成鄂尔多斯成为当时军事要地的关键所在。

匈奴人军事战斗实力的增强源自青铜时代到来以后，草原民族开始使用青铜兵器，金属类武器的使用壮大了游牧民族的军事力量（图5-5）。在战国时代，匈奴人趁着群雄逐鹿中原的混战之际，在鄂尔多斯地区逐渐发展起自己的势力。因而在战国秦汉之际，匈奴逐渐崛起并成为雄踞北方草原上的主要力量，建立起了庞大的草原游牧政权。匈奴同中原发生关系的最早历史可追溯至公元前三四世纪或者更早。自战国后期开始，匈奴频繁南下，逐渐吞并楼烦、林胡两族，成为内蒙古黄河流域的实际控制者。

到秦始皇统一六国（前221年）之后，匈奴与中原地区的接触更加频繁，军事冲突也时有发生。秦朝统治前后，在其疆域北部有三大游牧政权：西部的月氏、鄂尔多斯地区的匈奴与分布在其东侧的东胡。仅就分布于鄂尔多斯地区的匈奴政权来说，强盛的秦朝将匈奴人的实际控制范围不断向北驱赶。巴菲尔德对此分析指出："秦朝力量向草原边缘的扩展，对那些厌倦成为汉人袭击新目标的匈奴人产生了直接影响。为了使边疆更具防御能力，秦始皇将匈奴人驱除出鄂尔多斯故土（图5-6、图5-7）。匈奴人退居到北方，

图 5-5　典型鄂尔多斯青铜兵器（鄂尔多斯博物馆供图）

图 5-5-1

图 5-5-2　青铜鸣镝

图 5-6　秦代云纹瓦当（鄂尔多斯博物馆供图）

图 5-7　青铜鍪（鄂尔多斯博物馆供图）

图 5-8-1 长方形青铜饰牌

图 5-8 鄂尔多斯地区出土的典型草原文化青铜器（鄂尔多斯博物馆供图）

图 5-8-2 圆雕动物

并在此流亡了十多年，直到秦朝的突然灭亡导致中原内战并放弃了边疆防御政策为止。趁着中原的混乱，匈奴人重新占据了鄂尔多斯地区。"[18]因而在秦朝，匈奴虽南隔长城与秦国抗衡，但在争夺鄂尔多斯地区时，匈奴难以抵抗强秦的猛烈进攻，逐渐处于弱势，但在秦汉中原混乱之际，匈奴再次迅速恢复势力并趋于强大，与汉朝持续了较长时间的对峙（图5-8）。

图 5-9　鄂尔多斯境内的西汉初期城址地貌（扎尔庙城址内城北墙，鄂尔多斯博物馆供图，高兴超摄影）

西汉初年，在秦汉政权更迭而无暇北顾之际，匈奴势力得到了快速发展，可谓是空前强大，在冒顿单于（前209年—前174年）的带领下，侵扰今河北、山西、陕西及河套一带，

给刚刚建立的西汉王朝带来了巨大的破坏影响。[19] 冒顿单于统治时也是匈奴人口的鼎盛时期，马长寿先生认为此时匈奴人口应有约150万，[20] 林干先生认为汉初匈奴盛时，匈奴人口应有约200万，[21] 但无论以哪一数据为准，冒顿单于统治时期的匈奴人口数量有了较快增长是无可争议的事实，这也是匈奴政权实力增强的一个表现。与此同时，匈奴也大肆掠夺汉族人口，这加速了匈奴统治区域内人口数量的变化。葛剑雄指出，汉人流入匈奴在秦代已经开始了，因而匈奴人称生活在匈奴政权疆域内的汉人为"秦人"，甚至即用"秦人"称呼汉人。在西汉时，生活在匈奴疆域内的汉人中，最主要的部分是延边各地被匈奴掳掠的吏民（图5-9）以及历次战争中被俘获和投降之人，《汉书》中记载了匈奴数次掠夺汉人的情形及人数，根据葛剑雄的估计，整个西汉时期至少有十几万汉人被掠至匈奴。[22] 此后，尚新丽利用新的资料统计指出，西汉元始二年（公元2年）时匈奴掠夺的各族人口应有20万左右。[23] 不仅如此，那些生存于匈奴境内的汉人还不断繁育人口，由此可见进入匈奴境内汉人数量之多及规模之庞大。

在鄂尔多斯地区，陆续发现了许多匈奴人的重要遗迹和器物，较具代

表性的如匈奴王金冠、金带饰件（图 5-10）。其中，既有匈奴贵族使用的礼仪、生活器具，也有此时期用于战争的金属武器，后者明显增强了匈奴军队的战斗力。[24]虽然匈奴人并没有参与秦末中原内乱时夺取中原地区霸权的斗争之中，但西汉王朝建立后仍将匈奴视为中原政局稳定与国家疆域安全的首要威胁，最明显的威胁就是匈奴人有能力摧毁边疆地带而大举入侵。

西汉成立之初，在平定了内地各

图 5-10-1　鹰顶金冠

图 5-10　鄂尔多斯地区出土的具有草原游牧文化风格的金器（鄂尔多斯博物馆供图）

图 5-10-2　匈奴金凤冠

图 5-10-3　嵌宝石虎鸟纹金饰牌

图 5-10-4　包金卧羊形带具

方势力之后，汉高祖刘邦亲率大军北击匈奴，以谋求边疆的安稳，但此次出击匈奴却以失败告终，汉高祖也在平城被匈奴围困七日方才脱险，这是汉人在匈奴面前遭受到的重大失败，因而在汉朝统治的几百年的时间里，每当提及平城之围，朝廷便不得不与匈奴之间的交战犹豫再三。[25] 因此，匈奴成为汉王朝最主要的外部威胁，是挥之不去的噩梦。面对如此强盛的攻势，西汉王朝因初建政权国力衰弱而不得不采取和亲等安抚匈奴的政策，将公主（多为宗室女）嫁给匈奴单于。直到汉武帝即位以后，随着国家实力的增强，汉朝才大规模武力对抗匈奴侵扰，将匈奴北逐回蒙古草原，收复并长期占据了长城沿线土地（图5-11、图5-12），重新开始对长城沿线尤其是河套地区的开发建设，移民与土地开垦成为此时期边疆治理的重要手段。

自汉武帝时期开始，匈奴与中原王朝多次激战于草原之上。最终，南匈奴入塞与汉交好，促进了中原王朝与北方草原游牧部落之间的大融合，这也体现出历史时期中国统一多民族融合发展的早期趋势。北匈奴则继续西迁，触发了人类历史上持续数百年

图5-11　"上郡守寿"戈（鄂尔多斯博物馆供图）

图 5-12 汉代云纹瓦当（鄂尔多斯博物馆供图）

之久的民族大迁移，并最终导致罗马帝国的崩溃。这些曾在欧亚大陆上演的雄壮历史话剧的主角，就是被欧洲人称为"上帝之鞭"的起源于内蒙古草原的匈奴民族。[26]因此，对于匈奴族的考察也要坚持以全球史视角加以审视，要关注到北匈奴西迁所产生的世界性历史影响。

汉代以降，内蒙古长城地带的种族成分发生了很大变化，即"西伯利亚类型"的出现。该类型广泛存在于鲜卑、契丹、蒙古等游牧民族之中。这是一支以低颅、短颅、高面、阔面相结合为其典型特征的人群，在先秦时期的长城地带及其以南地区的古人种学资料中尚未发现他们的踪迹。这种低颅类型的人群特征十分明显，使得人类学家们联想到在公元前1世纪生活在外贝加尔和蒙古的匈奴人。所

不同的是，上述匈奴人的颅型特征是中长颅型与低颅的结合，而"西伯利亚类型"却是短颅与低颅的结合，因此，苏联的人类学家称前者为"古西伯利亚类型"，以示与后者之间的区别。[27]因此，对于匈奴人的族源及发展演变问题研究，仍有十分广阔的空间。

匈奴在内蒙古黄河流域繁衍生息的历史长达数百年之久，留下了许多珍贵的重要历史遗迹，如令学界及社会普遍关注的"匈奴金冠"就是其中的典型代表。与此同时，许多匈奴的墓葬及出土器物也为今人揭示匈奴历史文化提供了重要素材。"匈奴墓以准格尔旗西沟畔和补洞沟墓群为典型（图5-13、图5-14），皆为长方形竖穴土坑墓，殉葬有马、羊。随葬品依其身份而丰俭不一，其中近底有镂孔

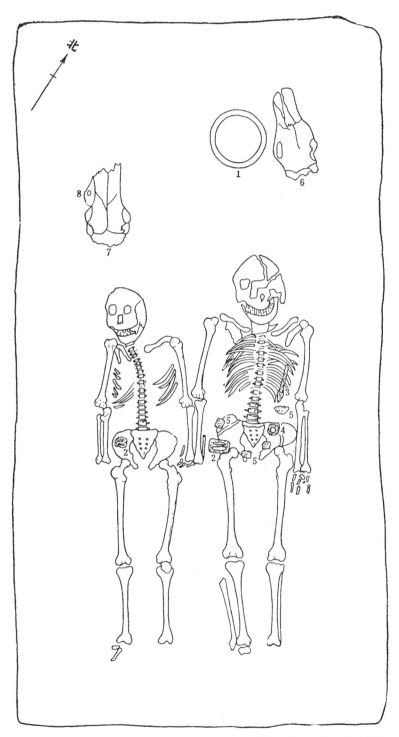

图 5-13　补洞沟匈奴墓 M1 墨线图（鄂尔多斯博物馆供图，陈兴华制图）

图 5-14　典型鄂尔多斯青铜器（鄂尔多斯博物馆供图）

图 5-14-1　动物形青铜带扣

图 5-14-2　动物形、鸟形带钩

的灰陶罐、双耳铁釜、带卡及腰带饰等最具民族特色。"[28]

（四）东汉以来其他草原民族的兴起与发展

到了东汉以后，内蒙古黄河流域的民族构成及其时空分布呈现出新的特征。东汉末年由于匈奴连遭旱灾蝗灾，人畜大量死亡，匈奴政权内部产生了激烈斗争，再度分裂为南、北匈奴二部。此后南匈奴归降汉王朝并入居塞内，北匈奴则活动于河西与西域地区，其势力逐渐影响到内陆亚洲及更西地区。汉明帝采取强硬手段经营西北地区，多次出兵攻打北匈奴并收复了失地，设西域都户和戊己校尉于车师，并派遣班超出使西域与北匈奴周旋。和帝初年，北匈奴再次遭受天灾内乱，东汉趁机反攻，终于将北匈

奴势力彻底摧毁，北匈奴的残余部族归降于汉朝并与汉民杂居同处，自此，汉与匈奴的较量才得以终结（图5-15）。[29]随着匈奴的衰落，内蒙古黄河流域的草原民族成分又发生了新的变化。与西汉时期相比较，乌桓、鲜卑、羌等民族部落陆续地迁入鄂尔多斯高原，成为该区域新成员；而汉

图 5-15-1 "子孙繁昌，富乐未央"方砖

图 5-15 汉代铭文方砖、瓦当（内蒙古博物院供图、包头博物馆供图）

图 5-15-2 "四夷尽服"瓦当

图 5-15-3 "天降单于"瓦当

族、匈奴人口也较前代发生明显的变动。

在此时期，乌桓从东方迁入鄂尔多斯高原，匈奴、鲜卑由北方及东方移入该高原，羌族自西方移至本区，汉族自南方迁入此地，各民族在鄂尔多斯高原交错分布，相互借鉴与影响，实现了交融与碰撞。[30]据史料记载，乌桓是一个以游牧射猎为业的民族，原是东胡族的分支。西汉初期，乌桓被匈奴冒顿单于击败，东迁至乌桓山（在今内蒙古阿鲁科尔沁旗以北、大兴安岭山脉南端），遂以山名为族群之号。[31]此后乌桓两度南迁，不断向西扩展领土。至永和五年（140年），部分乌桓牧民移入鄂尔多斯高原，游牧在朔方郡境内。根据目前的考古发现，内蒙古黄河流域的乌桓遗迹、遗物都比较少，但和林格尔县小板申村东汉护乌桓校尉壁画墓的发现，为了解东汉时期乌桓人的活动提供了线索（图5-16）。内蒙古地区发现的汉代墓葬壁画中，以和林格尔县小板申村发现的东汉护乌桓校尉壁画墓内容最丰富。[32]这也为了解乌桓民族的历史提供了重要参照。

最早迁入鄂尔多斯高原的鲜卑部落应属于北部鲜卑，建光元年（121年）后，北鲜卑诸部持续从漠南迁入塞北地带。其中，少数部落南渡黄河而移入今鄂尔多斯高原北部，其最早迁入"河南地"是在东汉安帝延光三年至永建元年间（124年—126年）。[33]在察哈尔右翼后旗二兰虎沟等地也发现了此时期鲜卑人的墓葬，这也为学术研究提供了重要线索。根据相关研究，鲜卑人皆为长方形竖穴土坑墓，普遍使用头端大、足端小的木棺为葬具，殉葬有马、牛、羊。随葬品以红褐陶罐、木质弓弭、桦树皮盒等为代表，以金或铜铸造的鹿纹、飞马纹牌饰最具民族特色。[34]

图 5-16-1　幕府图

图 5-16　和林格尔壁画墓葬出土的反映农牧业生产生活的壁画（摹本）（内蒙古博物院供图）

　　再如羌族，永元十三年（101年）后，羌族部落继续向东扩散，迁入跨越"河南地"的北地、上郡、西河三郡境内。至汉安帝永初元年（107年）夏六月"羌民之乱"爆发时，羌族部落已广泛分布在今鄂尔多斯高原南部。据此推断，羌族诸部徙入鄂尔多斯高原应在永元十三年至延平元年的六年间（101年—106年）。[35]

图 5-16-2　牧牛图

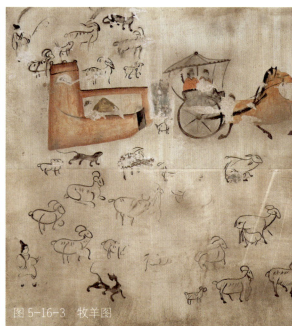

图 5-16-3　牧羊图

图 5-16-4　牛耕图

二、秦汉时期对内蒙古黄河流域的治理

秦汉时期移民实边及边地土地开垦导致今日内蒙古黄河流经的河套地区出现了大量耕地及由中原农耕区迁入的农业人口，中原王朝也因之在此地设立郡县进行治理。因此，自原始农业衰落以后，内蒙古地区的人为土地开垦主要肇始于秦代而兴盛于汉代。到了两汉时期，移民及土地开垦也是十分频繁，这也对当地草原环境变迁产生了深远影响，甚至造成了部分区域环境恶化。

秦朝建立后，最初设立三十六郡，其中九原郡和云中郡的全部以及北地、上、雁门、代、上谷、右北平、辽西等郡的局部区域在今内蒙古境内。秦代在边地设置的郡县城多数被汉代沿用并予以改筑。截至目前，经考古调查发现可知，仅托克托县哈拉板申村西古城未被汉代沿用，是秦代沿黄河设置的三十四座县城之一。

汉朝成立之初，继续沿用了秦代设置的郡县城。到了汉武帝时，将云中郡分为云中（图5-17）、定襄二郡，定襄郡的郡治在成乐城（今和林格尔县土城子古城），改九原郡为五原郡，在河套地带增设朔方郡和西河郡。沿边利用秦长城加筑并筑外长城，增筑缘边县城、障亭。这些缘边郡县城中，凡属郡治、军事要冲和都尉治所的县治等都筑有子城，为郡守、县令及都尉的官邸。东汉承袭西汉郡县制的治理模式，且东汉的并州、凉州和幽州等所辖郡县，管领着今内蒙古中、西部。[36]

因此，秦汉王朝在四百余年的统治时期内，对内蒙古黄河流域设置郡县并进行统治，奠定了中原王朝对这一区域的开发建设的基础，同时也对

图5-17-1 云中古城航拍图

图5-17 云中古城航拍图及城内出土器物（内蒙古博物院供图、托克托县博物馆供图）

内蒙古黄河流域人类社会与环境变迁产生了深远影响。

（一）秦朝对内蒙古黄河流域的开发

秦朝建立后，同匈奴之间的对立冲突时有发生，但秦朝凭借强盛的国力迅速将匈奴击败并将其驱至更北地区，由此开始了对河套地区的移民及土地开垦。然秦朝国祚短暂，而两汉历时四百余年，方是边地开发的重要历史时期。[37] 在秦代，移民屯田是此时期边地开发与治理的主要形式，秦汉时期在北方草原的屯田区域包括：从东至西有河套、湟中、河西等，西

域屯田最初设于轮台，后来发展到鄯善、渠犁、车师，最西到达乌孙所在的锡尔河上游地区。[38]因此，王月如曾指出："后套垦殖始于秦。"[39]而黄河流经的内蒙古中南部地区也成为此时屯田的主要区域（图5-18）。

在秦汉数百年的时间里，曾出现过多次官方组织的大规模移民实边及土地开垦，移民的主要目的在于

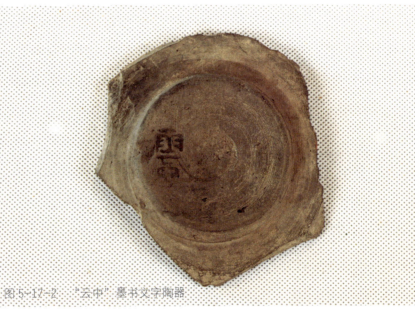

图5-17-2　"云中"墨书文字陶器

图5-17-3　彩绘铜车马

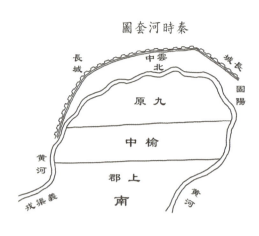

秦时河套图

<small>长城　中云　颓长
北
固阳
原九
黄河　中榆
郡上
戎渠羡　南　草河</small>

图 5-18　秦时河套图（摘自《河套图考·绥远河套治要》，内蒙古大学出版社，2017 年。陈兴华制图）

北抗匈奴、加强边防，同时也起到了减缓中原地区人地矛盾加剧和频发自然灾害对社会生活及统治稳定影响的作用。张波指出：自秦汉代以来，历代中原王朝都将屯田作为减轻人民负担及巩固边防的一种手段。[40]因此，"移民屯田"是对当时蒙古草原上游牧经济及游牧生产方式产生破坏性影响的人为因素中最为严重的，同时也对草原自然环境变迁产生了深远影响（图5-19）。

终秦十余载，史书中记述了两次

图 5-19　内蒙古黄河流域出土的典型秦汉时期农业器具（内蒙古河套文化博物院供图、鄂尔多斯博物馆供图）

图 5-19-1　青铜蒜头壶

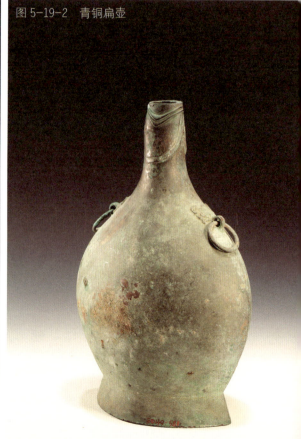

图 5-19-2　青铜扁壶

图 5-19-3　铁犁

图 5-19-4　彩绘陶鸡

图 5-19-5　彩绘陶井

规模较大的戍边屯田以抗击匈奴的历史事件，第一次戍边抗击匈奴之情形，如《史记·匈奴列传》所载：

当是之时，冠带战国七，而三国边于匈奴。其后赵将李牧时，匈奴不敢入赵边。后秦灭六国，而始皇帝使蒙恬将十万之众北击胡，悉收河南地。因河为塞，筑四十四县城临河，徙适戍以充之。而通直道，自九原至云阳，因边山险堑溪谷可缮者治之，起临洮至辽东万余里。又度河据阳山北假中。[41]

由此段记述可以发现，秦朝建立之后对于匈奴的强烈攻击将匈奴驱逐到更北地区，同时也加强了秦朝对边地的控制与治理。

随着秦朝对匈奴的逐步征服，秦始皇三十三年（前214年），派大将蒙恬率军30万前往蒙古草原中南部（与匈奴政权交界地带）长期驻扎，寄期于"西北斥逐匈奴（图5-20）。自榆中并河以东，属之阴山，以为四十四县，城河上为塞。又使蒙恬渡河取高阙、阳山、北假中，筑亭障以逐戎人。徙谪，实之初县"[42]。史书中对于这次屯田的人数与开垦土地数据没有确切记载，但是谭其骧先生认为：蒙恬"取河南地"[43]，"筑四十四县"，"徙适戍以充之"则表明这次

移民安置了几十个县，人数应在几十万人以上。[44] 可见，秦代大规模移民给蒙汉交界地区游牧经济的破坏性影响是极为显著的，且大肆移民及土地开垦给当地自然环境造成的破坏性影响也是极大的。

秦朝第二次大规模移民、戍边抗击匈奴出现于秦始皇三十六年（前211年），据《史记·秦始皇本纪》的记载："迁北河榆中三万家"[45]，即强迫三万人家前往"北河（指今日河套地区的黄河）、榆中地区（今内蒙古河套的后套地区及准格尔旗一带）"。若以一家人口为三至五人的规模推算，那么此次向边地移民的人口数量则超过了十万人，由此足可见此次移民实边的庞大人口规模。

秦始皇派遣蒙恬率兵收复了"河南地"后将此地设置为九原郡，将原燕、赵、秦三国长城连接起来，加以修缮，向东西延伸成西起临洮，沿黄河北至河套，傍阴山，东至辽东郡的万里长城，又渡过黄河，据守阳山、北假之地，最终头曼单于不敌大秦而向北迁徙。汉代贾谊在《过秦论》中记载道：秦始皇令蒙恬"北筑长城而守藩篱"，击退匈奴七百余里，自此使得胡人不敢南下牧马。[46] 蒙恬收复河南地后，秦王朝疆域的北界直达阴山，随后蒙恬在阴山上重新修筑了长城。[47] 这是秦朝对匈奴的强大攻势，

图 5-20　鄂尔多斯地区战国时期长城遗迹（奥静波摄影、赵国兴摄影）

图 5-20-1　乌仁都西障城

图 5-20-2　巴音温都尔秦长城

图5-21-1 准格尔旗公沟战国秦长城

图5-21 内蒙古黄河流域战国时期长城遗迹
（1图由鄂尔多斯博物馆提供；2图由包头博物馆提供）

由此也奠定了秦朝对河套地区治理与开发建设的必要前提（图5-21）。

　　然而单纯地凭借长城以抵御匈奴南下侵扰是远远不够的，对于收复的河南地也要派遣军队并移民戍守，故而秦朝通过大规模移民至此进行守卫边地。由于迁入内蒙古黄河流域的中原汉人多是以农业为生，耕田种地、收获粮食是他们用以维持生计的基本手段。因而这些人迁入之后，便开始以垦荒耕耘维持生计。

　　与此同时，由于这一地区相去秦朝统治中心区的路途遥远，因而那些驻扎在此地的几十万人的军队与被贬至此的官吏给养，除部分需要从内地转运至此外，其余则需要通过在

此地开荒辟田自行种植或生产，因而河套地区出现了早期人为土地开垦，并由此拉开了河套农业开发的历史帷幕。[48] 但存在时间不长，秦朝便灭亡了，在秦末战乱的波及下，匈奴迅速恢复了势力并重新占据了这一地区，农业随之衰落。

由以上所述可以发现，秦代是内蒙古黄河流域土地开垦及农耕民族大规模进入的肇始阶段，其所开垦的地区主要是秦王朝与匈奴政权的交界地带，即沿黄河中上游流域进行移民驻

图 5-21-2　包头战国赵长城

扎及土地开垦，但对于蒙古草原及广阔区域内的游牧经济及游牧生产方式产生的破坏性影响在此阶段尚不显著。

（二）两汉时期对内蒙古黄河流域的持续开发

两汉时期，中原王朝与蒙古草原上诸游牧民族的碰撞与交融颇为频繁，元光六年（前129年），汉与匈奴之间的大规模战争开始频繁发生，双方经过多次较量，中原王朝逐渐处于优势。尤其是到了元狩四年（前119年），卫青、霍去病大败匈奴，奠定了汉王朝对内蒙古黄河流域的绝对控制与治理开发。据载："是后，匈奴远遁，而幕南无王庭。汉度河自朔方以西至令居，往往通渠置田，官吏卒五六万人，稍蚕食，地接匈奴以北。"[49]军事上的胜利奠定了汉王朝疆域北拓的必要前提，更为汉族农业人口北迁及农业生产北拓提供了可能，促进了内蒙古黄河流域的农业发展（图5-22、图5-23）。

随着汉朝在军事上对匈奴的挫败，汉朝在北方的实际控制疆域大幅度向北拓展，秦代北部疆域的界限是"高阙、阳山、阴山、辽东"一线，大致纬度分布在40° N~42° N之间；到了西汉时期，中原王朝全盛时期的北部实际控制区域则向西、向东大范围拓展，西部及西北部设置了西域都护府，而向东则控制了鸭绿江流域及朝鲜半岛的大部分地区，向正北方向的控制区域则大致与秦代相吻合，这也是卫青与霍去病北击匈奴后对汉朝实际控制区域有效向北扩大的影响。东汉时，北部地区的实际控制区域与西汉大致相同，仅东部地区的朝鲜半岛及鸭绿江流域被濊貊及高句丽等占据。[50]

经过两汉数百年的持续开发，黄土高原的农业区不断向北、向西拓展，逐渐与河西走廊及天山南部农业区连接起来，农牧分界线靠近黄土高原的西北边缘，游牧范围向更北的方向大幅度拓展。[51]边地土地开垦最为关键的影响因素则是由于"屯田"政策的导向而出现的（图5-24），屯田是古代中原王朝对待北方草原游牧民族且战且耕的一种手段。如《史记·平淮书》载："匈奴数侵盗北边，屯戍者多，边粟不足给食当食者，于是募民能输及转粟于边者拜爵，爵得至大庶长。"[52]

在两汉时期，内地农业人口向汉王朝与匈奴政权交界地带的派兵戍边、移民实边及在边地进行土地开垦活动更加活跃。通过对《史记》及《汉书》等史料所载内地汉族农业人口外迁到内蒙古草原及毗邻地区记述的梳理可以发现，官方主导

图 5-22-1

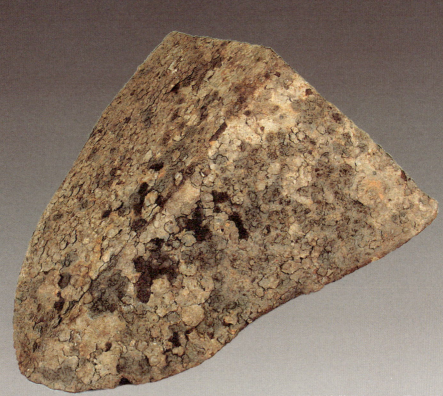

图 5-22　鄂尔多斯地区出土的汉代铁犁（鄂尔多斯博物馆供图）　　图 5-22-2

图 5-23-1

图 5-23　汉墓出土的釉陶灶（内蒙古河套文化博物院供图、鄂尔多斯博物馆供图）

图 5-23-2

图 5-24-1　陶俑

图 5-24-2　陶鼎

图 5-24-3　釉陶仓

图 5-24-4　釉陶壶

图 5-24　鄂尔多斯地区出土的釉陶器（鄂尔多斯博物馆供图）

下的移民及土地开垦在当时是主要形式，西汉时期几次主要官方主导下向内蒙古草原及毗邻地区的移民及土地开垦见表5-1。

表5-1　西汉向内蒙古地区移民统计表

时间	移民记述	出处
元朔二年（前127年）	夏，募民徙朔方十万口。	《汉书》卷六《武帝纪》
元朔三年（前126年）	募民徙朔方十万口。	《汉书》卷六《武帝纪》
元狩二年（前121年）	陇西、北地、河西益少胡寇，徙关东贫民处所夺匈奴河南地新秦中以实之，而减北地以西戍卒半。	《汉书》卷九十四《匈奴传上》
元狩三年（前120年）	汉武帝将山东七十余万饥民迁移至充朔方以南新秦中。	《汉书》卷二十四《食货志》
元狩四年（前119年）	有司言关东贫民徙陇西、北地、西河、上郡、会稽凡七十二万五千口，县官衣食振业，用度不足，请收银锡造白金及皮币以足用。	《汉书》卷六《武帝纪》
元鼎四年（前113年）	上郡，朔方，西河，河西开田官，斥塞卒六十万人戍田之。	《汉书》卷二十四《食货志》
元鼎六年（前111年）	以西到令居（甘肃永登县），往往通渠置田，官吏卒五六万人。	《史记》卷一百十《匈奴列传》

（资料来源：本表根据司马迁《史记》及班固《汉书》所载有关西汉时期向蒙地移民内容整理制成。）

由表5-1所统计内容可以发现，西汉时期的大规模移民增加了蒙古草原上（尤其是汉王朝与匈奴政权接触地带）的农业人口数量。尤其是西汉王莽乱政时期，中原地区的社会矛盾严重激化，导致大量农民流亡，中原王朝与匈奴政权接触的边疆地区无疑成为这些流民的主要输入地，出现"内郡愁于征发，民弃城郭流亡为盗贼，并州、平州尤甚"，边地"谷常贵，边兵二十余万人仰衣食，县官愁苦，五原、代郡尤被其毒，起为盗贼，数千人为辈，转入旁郡"的状况。[53]至昭帝始元六年（前81年），从"天水、陇西、张掖三郡析置金城郡，由于都是新辟疆土，因此该郡居民几乎都是内地移民"[54]。根据马大正先生的考察，秦汉时期的屯田区域包括：从东至西有河套、湟中、河西等，西域屯田最初设于轮台，后来发展到鄯善、渠犁、车师，最西到达乌孙所在的锡尔河上游地区。[55]由此可见，此时中原地区农业人口随着中原王朝疆域拓展而大幅度向以西以北地区迁徙，同时也促进了农业区向内蒙古黄河流域的拓展。

汉代向蒙古草原移民及土地开垦也导致中原王朝在这些区域设置了类似于中原农耕区的县级统治政权，如《中国人口·内蒙古分册》中对西汉元始二年（2年）内蒙古地区部分郡县户口数及人口数的统计，见表5-2。

表5-2　西汉元始二年内蒙古部分郡县设置及人口数据统计表

郡名	总县数	内蒙古县数	总户数	内蒙古户数	总人数	内蒙古人数	密度人口数/平方公里	备注
朔方郡	10	9	34338	30904	136628	122965	1.7	各县户数按平均值计算
云中郡	11	11	38303	38303	173270	173270	9.8	
五原郡	16	16	39322	39322	231328	231328	14.3	
定襄郡	12	12	38559	38559	163114	163114	9.6	
西河郡	36	7	136390	26520	698836	135884	15.9	仅有7个县可确定属内蒙古
上郡	23	8	103683	12960	606658	75832	13.5	

郡名	总县数	内蒙古县数	总户数	内蒙古户数	总人数	内蒙古人数	密度人口数/平方公里	备注
雁门郡	14	2	73138	10448	293454	41992	15.5	各县户数按平均值计算
代郡	18	1	56771	3154	278754	15486	10	各县户数按平均值计算
右北平郡	16		66689	4446	320780	21385	8.7	内蒙古户数按总数1/15计算
辽西郡	14		72654	4844	352325	23488	8.9	内蒙古户数按总数1/15计算
合计	170	61		209460		1004704		

［资料来源：本表根据《汉书·地理志》（卷二十八下）及梁方仲《中国历代户口·田地·田赋统计》（甲表4）、宋迺工主编《中国人口·内蒙古分册》（北京：中国财政经济出版社，1987年版，第29页）等统计制成。］

从表5-2汉代内蒙古地区部分郡县的人口数据情况可以明显发现，这一时期内蒙古黄河流域流经地区的农业人口数量有了快速增长，尤其是汉王朝与匈奴政权交界地带的各郡县，农业人口增长速度最迅速，这也促进当地农业的发展与当地的进一步开发建设。

根据史料所载，汉代向河套地区进行移民及土地开垦始于汉武帝之后，凭着军事征服而确立了中原王朝对内蒙古黄河流域的绝对控制，这也促进了河套地区灌溉农业的大规模发展。[56]尤其是在国家的大力组织与倡导之下，内地的自耕农、贫农以及罪犯和奴隶，源源不断地来到了河套这个原本人口就很稀少的地区，为开垦农田、兴修水利提供了相对充足的劳动力。[57]但随着大量人口迁入及持续不断的土地开发利用，对于河套区域来说，给原本脆弱的自然环境造成了严重破坏，导致环境问题自此时期开始出现（图5-25）。

综合上述可以发现，经历了两汉大规模移民及土地开垦，至东汉末期时的汉王朝与匈奴政权接触地带（主要是内蒙古草原南缘的中部及偏西部地区）已是农田广布、农业人口密集

分布的区域（图5-26）。根据文焕然先生的研究，黄河中下游地区进入东汉以后，正逢少雨时期，旱灾严重时期，[58]人口的增多无疑是对干冷、贫瘠草原自然环境的极大挑战，更是影响游牧经济存在范围及影响程度的重要因素。因此，大量农业人口进入蒙地，加剧了对蒙地的土地开垦与其他方面的开发建设，同样也需要注意到，非合理的土地开发建设也对这一区域游牧经济与自然环境造成了极为严重的破坏影响。

图5-25 《河套图志》中河套两汉郡县图（摘自《河套图志》，安源主编，内蒙古大学出版社，2017年6月第一版。）

图5-26 鄂尔多斯地区出土的典型陶器（内蒙古河套文化博物院供图、鄂尔多斯博物馆供图）

图5-26-3 陶执箕俑

图5-26-1 武士持戟纹灰陶屋

图5-26-2 陶屋

三、农业发展与环境变迁

（一）农业发展状况

西汉时期，对内蒙古黄河流域农垦水利的管理也高度重视，并官方组织开展了水利建设，据《史记·匈奴列传》所载，从开辟朔方郡之后，"自朔方以西至令居"，设置了专门管理开田种地和农田水利机构。在西河郡内，即今内蒙古自治区鄂尔多斯市杭锦旗霍洛柴登附近的一个古城，曾出土"西河农令"官印一方（图5-27），是汉武帝前期专门掌管该地农业及屯田水利的官印。[59]可以发现，在西汉时期，河套地区农业获得了极大发展，并由此逐渐成为汉朝重要的农垦区和塞上边郡的重要粮仓。

据史料所载，汉宣帝时，曾一次送给匈奴呼韩邪单于3.4万斛粮食，据当代学者的推测，这些粮食可能都是从河套地区的窳浑、临戎与三封一带

图 5-27　西河农令印（鄂尔多斯博物馆供图）

的农垦区调拨的。[60] 由此足可见当时河套地区农业取得的较快发展。此外，由于屯田水利事业取得的较快开发，内蒙古黄河流域的农业在汉代取得了显著的效益，农业的发展也一度改变了"转漕辽远，自山东咸被其劳，费数十百巨万"的运输军粮的局面，至东汉顺帝时，虞诩曾说："《禹贡·雍州》之域……北阻山河，乘陀据险，因渠以溉，水舂河漕，用功省少，而军粮饶足。故孝武皇帝及光武筑朔方，开西河，置上郡，皆为此也。"[61]

此时期人类社会对当地的深入开发也与中原地区较为发达的生产工具传入有关，近代以来的考古发掘成果也揭示出，内蒙古黄河流域出现了大量农业生产工具，其中有部分是由官方从中原地区运入，随着农业生产的进一步发展，在当地也出现了自行生产制作铁农具的作坊。根据王亚妮的梳理，战国及秦汉时期内蒙古地区的冶铁遗址在秦汉广衍故城和呼和浩特郊区二十家子古城中都有发现（图5-28）。其中秦汉广衍故城位于今鄂尔多斯市准格尔旗川掌公社，在紧接古城东墙的断崖上露出的灰土中发现有坩埚、铜渣、铁渣及多种泥范、石范等遗物，是一处手工工场。考古工作者试掘了古城周边18座墓葬（时间跨度为战国至西汉初期），随葬品中亦有铁器，其中出土有农具铁铲

（图5-29）。此外，呼和浩特二十家子古城于1959年—1961年也进行了考古发掘，发现一处大规模的冶炼厂遗址。在这个遗址中，不仅出土了较多的铁农具、铁车马具和铁武器，还发现有铁器铸模、坩埚、铁矿石、铁渣、焦渣、柴炭灰、泥范等物。1960年秋，考古工作者在该处发现一具完整的铁铠甲，甲片经北京钢铁学院进行金相鉴定，鉴定结果是一种含碳约0.1%~0.15%的低碳钢，其可能是海绵铁渗碳后经过反复锻打后形成的低碳钢。[62] 由此可见当时冶铁技术取得了较快发展，这也进一步推动了农业生产工具的进步，并促进了当地的土地开垦与农业生产。

秦汉时期内蒙古黄河流域农业文明的发展，也带动了当地农业文化的繁荣兴盛。如在和林格尔县新店子东汉壁画墓中，中室北壁上有"嘉禾""浪井""醴泉""甘露"的图像，这反映出当时生存于这一地区的人们对农业发展的良好愿望。其中"嘉禾"便是希望能有较佳的收成，而"浪井""醴泉""甘露"这些对农业发展有重要作用的事物，与"嘉禾"并列，可见对庄稼生长的重要性。而在图像上显示为：嘉禾上有硕大众多的谷穗、井中有满满的井水、涌上来的醴泉以及庄稼上有众多甘露。这都体现了当地民众所持有的丰

图5-28　秦广衍古城城内地貌（高兴超摄影）

富的农业文化积淀。此外，农具的发展，也在潜在影响当地的农业管理系统的发展进步。在和林格尔东汉壁画墓中的庄园图中，就有专人割麻、沤麻的图像。[63]

　　根据上述可以发现，墓葬是研究这一时期内蒙古黄河流域历史文化的重要考古材料。战国、秦汉时期的墓葬在内蒙古境内主要见于古城址的周围。如准格尔旗勿尔图沟古城周边、和林格尔县土城子古城周边以及近年发掘的准格尔旗昶旭墓葬和福路塔墓地等。截至2011年，在和林格尔县大堡山墓地发掘出土的带有战国晚期赵文化因素的墓葬有51座，秦代墓葬以准格尔旗勿尔图沟广衍县故城附近的较为典型，都是竖穴土坑墓，屈肢葬。到了两汉时期，在阴山以南

图 5-29-1 铁斧

图 5-29-2 铁铲

图 5-29 鄂尔多斯地区
出土的铁斧、铁铲（鄂
尔多斯博物馆供图）

图 5-29-3 铁铲

的内蒙古中南部地区留下了大批汉墓。在内蒙古中南部发现并发掘的汉墓主要有包头的"张家圪坦""窝尔吐壕""孟家梁""召湾"等汉墓群，察哈尔右翼前旗呼和乌苏乡的"泉脑村"汉墓，磴口县的"包尔陶勒盖""纳林套海""补隆淖"等汉墓群，鄂托克前旗的"三段地""凤凰山"等汉墓群，乌拉特前旗"公庙子"东汉末汉墓群，托克托县"汉云中郡城"附近东汉"闵氏"墓，乌审旗巴音格尔村的"敖包梁"汉墓，准格尔旗的"鲁家坡"汉墓群，乌海市"新地"汉墓等。[64] 这些墓葬的发现与发掘，对于揭示秦汉时期内蒙古黄河流域的农业生产与社会发展都有重要意义（图5-30、图5-31、图5-32）。

此外，自战国晚期开始，内蒙古黄河流域的草原游牧文化与中原农耕文化或是先后交替，或是错杂分布，呈现出一种人为因素影响下的典型农牧交错分布的复杂态势，从而奠定了秦汉时期北方农牧交错带在此地段的分布特征。对此，谭其骧先生根据《史记·货殖列传》中关于经济区域的叙述，将秦汉时期的全国分为山西、山东、江南、龙门碣石北等四个经济区，山西[65] 的物产特点是多饶材、竹、穀、纑、旄、玉、石，龙门碣石[66] 以北的特点是多马、羊、牛、毡裘、筋角。可以看出，当时山西的竹、穀等林业资源较为丰富，而龙门碣石则以畜产品为主。因此，这一时期龙门以北的山陕峡谷流域是以游牧

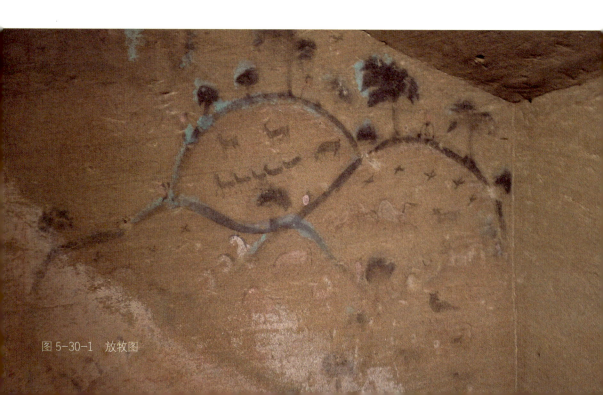

图 5-30-1　放牧图

图 5-30-2 牛耕图

图 5-30 巴日松古敖包壁画墓出土的农牧业壁画（鄂尔多斯博物馆供图）

图 5-31-1 放牧图

图 5-31-2 牛耕图

图 5-30 巴日松古敖包壁画墓出土的农牧业壁画（鄂尔多斯博物馆供图）

图 5-31 凤凰山墓葬出土的农牧业壁画（鄂尔多斯博物馆供图）

图 5-31-3　庄园宴饮乐舞图

图 5-31-4　车马出行图（局部）

图 5-32　汉代牛耕图壁画、画像砖（鄂尔多斯博物馆供图）

业为主，而以南则是农耕区。[67]谭其
骧先生根据司马迁所记述秦汉时期中
国北方农牧业生产及分布情况勾勒出
了当时农牧业的分布范围及界限。

　　由谭其骧先生所述内容可以发
现，秦汉时北方农牧交错带在内蒙古
黄河流域大幅度向北拓展。受到人口
因素的直接影响，尤其是人类自发的
移民及土地开垦，这一时期北方农牧
交错带的分布范围获得了极大拓展，
同时带内农牧业分布格局及农牧交错
社会特征也发生了变迁。

（二）水利建设有所发展

　　无论在任何时候，农业发展都离
不开水资源的灌溉。尤其是在古代，
农业的发展程度总是和灌溉情况联系
在一起，水利工程建设也一定程度上
代表着农业发展状况，且水利往往也
决定着农业生产能否开展与丰歉。秦
汉时期尤其是西汉开始在河套地区兴
修水利，是人为在内蒙古黄河流域兴
修水利之始。

　　早在秦朝时，河套地区就已出现
了较成规模的水利设施建设，根据
《内蒙古自治区志·水利志》的记
载："自治区境内农垦水利开发历史
悠久，《史记·秦始皇本纪》中记
有：始皇三十二年（公元前215年）
'使将军蒙恬发民三十万入北击胡，
略取河南地'。后设置九原，治所在

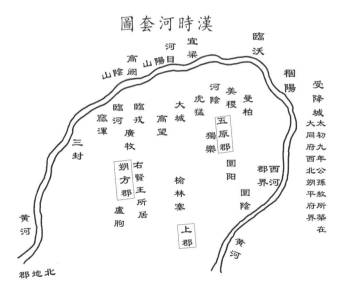

图5-33　汉时河套图（摘自《河套图考·绥远河套治要》，
内蒙古大学出版社，2017年。陈兴华制图）

九原（今包头市西）。并在其管辖范围内（今河套地区、包头市及伊盟全境）进行移民屯垦，发展农垦水利。"[68] 可以发现，秦代在推行移民及土地开垦时，就已开始关注河套地区的水利建设，并取得了初步发展（图5-33）。

水利建设不仅是高效利用当地水资源以发展农业，同时也是疏通黄河上游过剩水资源以减少中下游地区水患的关键举措，钱穆先生曾举例指出：

> 黄河在包头的一段，很早便是中国人的活动区。秦时包头附近，便辟有四十三个新县，大量移民，引水灌田。上流的水利用了，下流的灾害也自然减少了。以后中国历史上，很可以看得出，包头在中国人掌握中，黄河的水害就小；包头在匈奴乃至蒙古人掌握中，黄河的水害就比较大。这原因不难想象。长江所以没有大灾害，因为四川是一个农业区，四面引水灌田，水在上流即疏散了。逮其过三峡后，又有洞庭、鄱阳等水库存储，泛滥自少。[69]

由钱穆先生所述可以发现，黄河上游（即内蒙古河套地区）的水利建设一定程度上减轻了中下游的水害。水利建设无疑对秦汉以来河套地区农业发展产生了重要的推动作用，是保

证当时这一地区农业生产的先决条件之一（图5-34、图5-35）。

至汉武帝元狩三年（前120年），朝廷组织山东灾民70多万人迁出原籍灾地，其中有部分人口被充实到朔方（朔方郡：今杭锦旗独贵特拉西）以南的"新秦中"地区，在此地发展屯田水利事业（图5-36）。后于元鼎六年（前111年），在上郡、朔方、西河、河西等地，"开田官、斥塞卒六十万人戍田之"。天汉元年（前100年）秋，又遣发犯人在五原一带屯田。数次大规模的移民实边，促进了河套地区农垦水利事业的发展。[70] 由于汉朝官方较为重视向河套地区移民及进行土地开垦，这也极大地促进了当地的水利建设，故《史记·河渠书》记有"用事者争言水利。朔方、西河、河西、酒泉皆引河及川谷以溉田"[71]。但并非所有的水利建设都取得了成功，其中也不乏失败之举，如《史记·平准书》载："朔方亦穿渠，作者数万人，各历二三期，功未就，费亦各巨万十数。"[72] 可见，此次兴修水利并未取得实际成效，无疑是劳民伤财之举。

与此同时，朝廷方面还在朔方郡西部建立了窳浑、临戎、三封三个县，已将河套的部分地区开辟成为"数世不见烟火之警，人民炽盛、牛羊布野"富庶的灌溉农业区。[73] 因

图 5-34　汉代鸮形釉陶壶（摘自《鄂尔多斯史海钩沉》，2008 年。）

图 5-35　三足陶仓（内蒙古河套文化博物院供图，孔群摄影）

图 5-36-1　陶水车

图 5-36-2　陶井

图 5-36-3　陶磨

图 5-36-4　陶臼

图 5-36　内蒙古黄河流域出土的反映农业生产的陶器（内蒙古河套文化博物院供图）

此，汉代内蒙古黄河流域的农田水利事业发展较快，汉武帝说："农，天下之本也，泉流灌浸，所以育五谷也。"戍边屯田，不但由戍边的军队承担，朝廷还组织民垦和迁发数万人在朔方开挖渠道、引水灌田，对垦种和兴修水利的人就地供应农具和施工工具，大量使用铁器，这也促进了农垦与水利事业的进一步发展。在今布隆淖附近的汉代古城"临戎"遗址内，发现了制造铁器的遗址，很明显，这些铁作坊是为当时戍边士兵制造兵器和屯田民众进行农垦与水利开发制造工具服务的。

（三）环境变迁及环境问题开始出现

早在战国时期，秦、赵、燕三国的辖地就已经北扩至蒙古高原南部边缘地带（也主要分布在内蒙古黄河流域），在此时期，秦、赵、燕三国开始在内蒙古东南部和中南部设置郡县，并开始大肆兴筑长城以抵御匈奴政权的南下侵扰。秦汉时期，中原政权的统治范围逐渐向北、向西扩大，在内蒙古黄河流域尤其是河套地区大量移民并广为屯田。近代以来的考古发掘也揭示出秦汉时期内蒙古黄河流

图 5-37　鄂尔多斯地区汉代城址及城内遗迹（鄂尔多斯博物馆供图）

图 5-37-1　杭锦旗霍洛柴登古城遗址

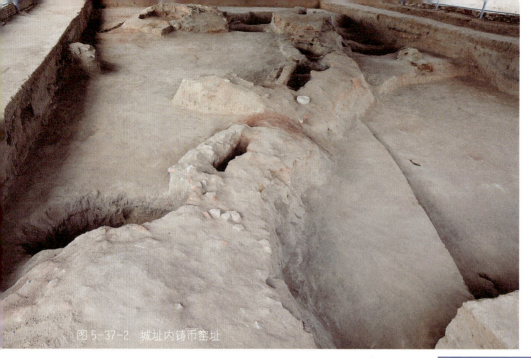

图5-37-2　城址内铸币窑址

域普遍存在着长城遗迹、古城遗址、古墓遗存等（图5-37），这些都表明当时人类社会对这一地区自然环境进行了较为显著的改造，从而导致当地环境发生剧烈变迁，甚至在部分地区出现了严重的环境恶化。

长城，又被称为"万里长城"，是中国古代在不同历史时期为抵御北方草原游牧政权南下侵扰而修筑的规模浩大的军事工程的统称。大规模修建长城的历史始于春秋战国时期，始修于燕国，自此而后，历代王朝（除元、清两朝外）都对修筑长城给予不同程度的重视，自春秋战国时代算起，修筑长城的历史长达2000多年。今天所指的万里长城多是指明代修建的长城，东起鸭绿江，西至内陆地区

图 5-37-3　古城梁城址

图 5-37-4　车家渠城址

甘肃省的嘉峪关，但在这一区域内也存在许多前代修筑并荒废了的长城遗迹。战国时期，魏、秦、赵、燕都在今内蒙古地区兴筑长城，并在长城沿线筑有烽燧、望楼等军事设施，这些设施成为秦汉以来内蒙古黄河流域环境景观中不可或缺的重要组成部分。目前，对秦始皇时期修筑长城

图 5-38　乌拉特前旗小佘太秦长城（内蒙古博物院供图）

的研究仍然是社会各界普遍关注的热点问题，尤其是对其与秦昭王长城、赵国和燕国长城等之间关系的研究，莫衷一是，使得学界多有争论。[74]

及至当代，对于秦汉时期内蒙古黄河流域的长城资源调查也受到学界的普遍关注，并出现了一系列较有价值的考察报告及研究成果，如21世纪以来，由内蒙古自治区文化厅（文物局）与内蒙古自治区文物考古研究所联合组织开展的"内蒙古自治区长城资源调查报告"系列，对今内蒙古自治区境内各个历史时期（如《战国赵北长城卷》《北魏长城卷》《明长城卷（上、下册）》等）与各个区域内（如《鄂尔多斯—乌海卷》《阿拉善卷》《东南战国秦汉长城卷》等）的长城资源进行了全面系统且深入的调查研究，并由文物出版社出版了系列报告资料，其重要学术意义自不待言。

秦朝时，秦始皇便在北部地区筑长城，置郡县，修筑道路，迁徙人口，内蒙古南部地区尤其是黄河流经区悉归秦王朝管辖。秦朝派蒙恬将兵屯戍于上郡（在今陕西省榆林市东南），征发役徒修缮和接连了战国秦、赵、燕三国长城（图5-38）。其逶迤在阴山山脉，在呼和浩特市北大青山南麓与战国赵长城相接，再东过今集宁区、兴和县北，东近河北围场县境，与燕长城相接。根据王晓琨的梳理，秦始皇时期修筑及使用的前代长城在内蒙古中南部的分布如下：乌海市卓子山山岭西侧有一段长城遗迹（这一段长城可能是秦始皇时期组

图 5-39-1　秦直道远景

秦　代　原　山　丘　地　貌　推　测

修建秦直道时开挖的豁口

修建秦直道时的填方部分

秦　代　原　生　地　层

图 5-39-2　修筑方式示意图

图 5-39　鄂尔多斯境内秦直道遗址及其修筑方式（鄂尔多斯博物馆供图）

织修筑的），由乌海市过黄河向北，在浩瀚的乌兰布和沙漠中难觅长城遗迹，而始见于乌拉特中旗石兰计山口北面，向东蜿蜒在狼山、查石太山上，于部北乡南境进入乌拉特前旗小余太乡北境，继续沿查石太山顶北侧向东延伸，经苏计沟、灰腾沟、板申图沟后，复入乌拉特中旗部北乡梁五沟林场，再东行约2公里，在东南折入固阳县西斗铺镇。秦长城在乌拉特中旗段全长190公里，乌拉特前旗段约25公里。[75]

此外，公元前212年，秦始皇为了巡视北边防务，命令蒙恬负责修筑从秦朝都城咸阳通向九原郡的直道，直道由云阳（今陕西淳化县北梁武帝村）向北，通抵九原郡九原县（今内蒙古包头麻池古城北城），"秦直道"全长约900公里，成为连接关中平原与鄂尔多斯高原等北部边地的交通要道，也是当时由秦朝统治中心咸阳地区到达边塞九原郡一带最为接近的道路，加强了秦代内蒙古中南部地区同各地区尤其是秦朝中心地区的政治、经济、文化等诸多方面的联系。[76]如今，在鄂尔多斯市的伊金霍洛旗、东胜区、达拉特旗境内还保存有断续的秦直道遗迹，在鄂尔多斯境内，秦直道南北长约200公里（图5-39）。直道两侧还保存有亭、障遗址，为过往官员和守卫官兵的驻所。

到了汉王朝时，中原王朝在沿边地区利用秦长城加筑并筑外长城，增筑缘边县城、障城和列燧（图5-40、图5-41）。如在西汉武帝统治时期，曾两次在今内蒙古自治区的西部修筑长城。[77]因而此时期修筑的长城也同样值得关注。

与此同时，由于秦汉时期中原王朝有规模、有组织且长时段地在内蒙古黄河流域进行开发建设，也出现了

图 5-40　高阙塞（达巴图古城）（内蒙古河套文化博物院供图）

图 5-41　巴彦淖尔市境内的汉代障塞遗址——鸡鹿塞（内蒙古河套文化博物院供图）

一些规模较大的城市，随着东汉以后这一地区屯田的衰落及被游牧民族的再一次占据，这些聚落逐渐荒废，但也成为当地自然景观的一部分，有些地区也因经营不善而出现了环境的持续恶化，成为这一时期当地环境破坏的主要表现形式。目前为止，已发现的汉代城址遗迹近百座。主要有磴口县的"沙金套海亢浑城址""陶生井三封古城"等遗址，准格尔旗纳林镇的"汉美稷古城"遗址（图5-42），凉城县的"厂汉营古城"遗址，包头市的"麻池古城""敖包梁古城"等遗址，和林格尔县的"土城子古城""榆林子古城"等遗址，托克托县的"哈拉板申汉沙陵县故城"遗址，呼和浩特市的"二十家子古城"遗址，杭锦旗"霍洛柴登古城"遗址，此外，还有内蒙古中东部地区的赤峰"东城子古城"遗址、奈曼旗"沙巴营子古城"遗址等。其中，对呼和浩特市"二十家子古城"遗址、杭锦旗"霍洛柴登古城"遗址等进行了大规模发掘，其城址布局与中原秦汉的城市布局基本相同，[78]对于了解秦汉时期对边地的开发建设具有重要参照意义。

环境恶化是这一时期内蒙古黄河流域环境变迁的又一表现形式。秦汉时期，大量汉人的迁入及非合理的土地开发，对内蒙古黄河流域自然环境的破坏性影响极为显著。如河套地区，移民及屯田使当地草原植被被破坏，因河套位于黄河上游，对上游植被的破坏直接影响到下游环境安全。如汉武帝建元三年（前138年）春，"河水溢于平原，大饥，人相食"[79]。可见，黄河上游开垦造成的环境破坏直接使下游出现了洪涝灾害，甚至造成了"人相食"的悲惨境况。

此外，河套地区也因环境破坏而出现了沙尘暴灾害，如《汉书》所载："成帝建始元年（前32年）四月辛丑夜，西北有如火光。壬寅晨，大风从西北起，云气赤黄，四塞天下，终日夜下著地者黄土尘也。"[80]我们无法确定河套地区的沙尘暴是否是由移民及土地开垦所导致，但是有一点是可以确定的，那就是当地大规模的人为非合理性的土地开垦造成了地表植被大面积被破坏，这对沙尘暴出现及沙尘暴出现后恶劣影响的持续加剧有直接的影响，且对沙尘暴对人类社会恶劣影响的进一步扩大有推波助澜的作用。就此，史念海先生研究指出：由于北方的大面积土地开垦，平原及山丘地区的森林遭到了严重破坏，至魏晋南北朝时期，平原地区已基本上没有森林了，森林地区多已被限制到山地上去了。[81]但也需要注意到，此时期移民及土地开垦影响的区域仅是局部地区，且由于东汉以后草原环境恶化及被游牧民族再度占据，农业区的北线也逐渐南缩。

图 5-42　准格尔旗美稷古城（甄自明摄影）

注释

[1] （西汉）司马迁：《史记》卷六《秦始皇本纪》，北京：中华书局1959年版，第239页。

[2] （西汉）司马迁：《史记》卷一百十《匈奴列传》，北京：中华书局1959年版，第2879页。

[3] 任崇岳：《匈奴族源诸说评析》，《中州学刊》2010年第6期，第166~170页。

[4] 林幹：《匈奴通史》，北京：人民出版社1986年版，第2~3页。

[5] 王国维：《观堂集林》卷十三《史林五》，北京：中华书局1984年版。

[6] 张久和主编：《内蒙古通史》第一卷《远古至唐代的内蒙古地区》，北京：人民出版社2011年版，第87页。

[7] 林幹：《匈奴史》，呼和浩特：内蒙古人民出版社1979年再版，再版前言，第1页。

[8] （西汉）司马迁：《史记》卷一百十《匈奴列传》，北京：中华书局1959年版，第2886页。

[9] ［日］泽田勳：《匈奴：古代游牧国家的兴亡》，呼和浩特：内蒙古人民出版社2010年版，作者为中文版撰写的前言，第2页。

[10] （西汉）司马迁：《史记》卷一百十《匈奴列传》，北京：中华书局1959年版，第2879页。

[11] （西汉）司马迁：《史记》卷一百十《匈奴列传》，北京：中华书局1959年版，第2900页。

[12] 瞿宣颖纂辑，戴维校点：《中国社会史料丛钞》三《建筑·匈奴建筑》，长沙：湖南教育出版社2009年版，第171页。

[13] （东汉）班固：《汉书》卷七十《陈汤传》，北京：中华书局1962年版，第3013页。

[14] 李春梅：《匈奴政权的社会性质》，《内蒙古社会科学（汉文版）》2017年第3期，第74~79页。根据作者的分析，具有至高无上权力的单于，通过子弟近亲等各等级贵族将权力延伸到统治地域内最基层的各部族组织，实现对全体部众的统治和管理，从上到下形成的隶属关系反映了匈奴社会的封建性特征。由单于子弟近亲、异姓贵族、氏族长等组成的各地各级贵族利用对土地的占有权和支配权，再层层分封，使最基层普通牧民拥有了土地使用权，一方面是占有土地（牧场）的大小贵族，另一方面是使用土地（牧场）的占人口绝大多数的普通部众。各等级贵族对土地（牧场）的占有权、支配权和普通牧民对土地（牧场）的使用权二者不可分割。在此基础上，实现普通牧民对所属牲畜等资源的再生产并产生一定的剩余价值，以供国家运转和满足统治者的需要。剥夺普通牧民对土地（牧场）的使用权无异于动摇和瓦解匈奴国家正常运转的根基。所以，对土地的等级占有决定了匈奴社会的生产关系不是奴隶与奴隶主的关系，而是私相统属效忠的封建性质的关系。因此，作者认为匈奴的社会性质更符合"封建制"特征。

[15] 王兴锋：《秦汉魏晋时期鄂尔多斯高原民族地理研究》，西安：陕西师范大学2016年博士论文，第35页。

[16] 鄂尔多斯地区在当时的战略地位十分突出，从地理方位来看，鄂尔多斯位于黄河几字湾之内，东西北三面皆为黄河流经，北侧黄河以北为阴山山脉横亘，若得此地，可以凭借黄河与阴山等天然屏障在此筑造坚固的军事防御工事以阻挡北方草原游牧民族的南下侵扰。若游牧民族占据此地，也可作为跳板，长驱直入地进入中原腹地。

[17] 张久和主编：《内蒙古通史》第一卷《远古至唐代的内蒙古地区》，北京：人民出版

社 2011 年版，第 94~95 页。

［18］［美］巴菲尔德：《危险的边疆：游牧帝国与中国》，袁剑译，南京：江苏人民出版社 2011 年版，第 42 页。

［19］林幹：《匈奴史》，呼和浩特：内蒙古人民出版社 1979 年再版，内容提要，第 3 页。

［20］马长寿：《论匈奴部落国家的奴隶制》，《历史研究》1954 年第 5 期，第 109 页。

［21］林幹：《匈奴社会制度初探》，载林幹主编：《匈奴史论文选集（1919—1979）》，北京：中华书局 1983 年版，第 308 页。

［22］葛剑雄：《西汉人口地理》，北京：商务印书馆 2014 年版，第 201~203 页。

［23］尚新丽：《西汉人口研究》，郑州：郑州大学 2003 年博士论文，第 123 页。

［24］也有学者对此持有不同观点，如朱泓指出："匈奴人是古代游牧民族的典型代表，而使用'鄂尔多斯青铜器'的这些人群却不是游牧民族，他们是一些农牧兼营的定居人群。这些族团或许逐渐被匈奴人所征服而加入匈奴共同体，但他们绝不是匈奴的本体。"（参见朱泓：《内蒙古长城地带的古代种族》，《边疆考古研究》2002 年辑刊，第 301~313 页。）

［25］［美］巴菲尔德：《危险的边疆：游牧帝国与中国》，袁剑译，南京：江苏人民出版社 2011 年版，第 45~46 页。

［26］王大方、张文芳：《从考古发现看内蒙古草原文明的伟大贡献》，载董恒宇、马永真主编：《草原文化》（第一辑），呼和浩特：内蒙古教育出版社 2005 年版，第 124~132 页。

［27］朱泓：《内蒙古长城地带的古代种族》，《边疆考古研究》2002 年第 1 辑，第 301~313 页。

［28］连吉林、李强：《内蒙古战国秦汉考古综述》，《草原文物》2019 年第 1 期，第 13~16 页。

［29］黄颖：《两汉时期农牧界线的历史变迁及其原因》，南昌：江西师范大学 2019 年硕士论文，第 22 页。

［30］艾冲：《东汉时期鄂尔多斯高原的民族迁徙与分布初探》，《西夏研究》2016 年第 4 期，第 102~110 页。

［31］（南朝宋）范晔：《后汉书》，北京：中华书局 1965 年版，第 2979 页。

［32］连吉林、李强：《内蒙古战国秦汉考古综述》，《草原文物》2019 年第 1 期，第 13~16 页。

［33］艾冲：《东汉时期鄂尔多斯高原的民族迁徙与分布初探》，《西夏研究》2016 年第 4 期，第 102~110 页。

［34］连吉林、李强：《内蒙古战国秦汉考古综述》，《草原文物》2019 年第 1 期，第 13~16 页。

［35］艾冲：《东汉时期鄂尔多斯高原的民族迁徙与分布初探》，《西夏研究》2016 年第 4 期，第 102~110 页。

［36］连吉林、李强：《内蒙古战国秦汉考古综述》，《草原文物》2019 年第 1 期，第 13~16 页。

［37］薛瑞泽：《汉代河套地区开发与环境关系研究》，《农业考古》2007 年第 1 期，第 79~83 页。

［38］马大正主编：《中国边疆经略史》，武汉：武汉大学出版社 2013 年版，第 77 页。

［39］王月如：《后套之垦殖与水利》，《大公报》1936 年 9 月 4 日。

［40］张波：《西北农牧史》，西安：陕西科技出版社 1989 年版，第 113 页。

［41］（西汉）司马迁：《史记》卷一百十《匈奴列传》，北京：中华书局 1959 年版，第 2886 页。

［42］（西汉）司马迁：《史记》卷六《秦始皇本纪》，北京：中华书局 1959 年版，第 235 页。

［43］根据谭其骧先生的解释：河南地不仅仅是指河套以南的地区（当时的九原郡），以南的陕甘北部即当时的上郡和北地二郡也应该包括在内。

［44］谭其骧：《何以黄河在东汉以后会出现一个长期安流的局面——从历史上论证黄河中游的土地合理利用是消弭下游水害的绝对性因素》，载谭其骧：《谭其骧全集》（第一卷），北京：人民出版社 2015 年版，第 400 页。

［45］（西汉）司马迁：《史记》卷六《秦始皇本纪》，北京：中华书局 1959 年版，第 259 页。

［46］黄颖：《两汉时期农牧界线的历史变迁及其原因》，南昌：江西师范大学 2019 年硕士论文，第 15 页。

［47］（西汉）司马迁：《史记》卷八十八《蒙恬传》，北京：中华书局 1959 年版，第 2565 页。

［48］陶继波：《近代河套地区的土地开垦与社会变迁研究（1825—1937）》，呼和浩特：内蒙古大学出版社 2011 年版，第 28 页。

［49］（西汉）司马迁：《史记》卷一百十《匈奴列传》，北京：中华书局 1959 年版，第 2911 页。

［50］谭其骧主编：《中国历史地图集：秦·西汉·东汉时期》，北京：中国地图出版社 1982 年版，第 3~4、13~14、40~41 页。

［51］惠富平、王思明：《汉代西北农业区开拓及其生态环境影响》，《古今农业》2005 年第 1 期，第 80~85 页。

［52］（西汉）司马迁：《史记》卷三十《平准书》，北京：中华书局 1959 年版，第 1419 页。

［53］（东汉）班固：《汉书》卷九十九《王莽传》，北京：中华书局 1962 年版，第 4125、4140 页。

［54］葛剑雄：《西汉人口地理》，北京：商务印书馆 2014 年版，第 191 页。

［55］马大正主编：《中国边疆经略史》，武汉：武汉大学出版社 2013 年版，第 77 页。

［56］在汉文帝时，晁错针对北部防务空虚，建议"先为屋室，具田器"，以"募民徙塞下"［参见（东汉）班固：《汉书》卷四十九《晁错传》，北京：中华书局 1962 年版，第 2267 页］。但由于当时西汉王朝国力衰微，在匈奴强盛军事的威胁下，汉文帝虽然采纳并推行了晁错的建议，但没有收到实际效果。

［57］陶继波：《近代河套地区的土地开垦与社会变迁研究（1825—1937）》，呼和浩特：内蒙古大学出版社 2011 年版，第 30 页。

［58］文焕然：《秦汉时代黄河中下游气候研究》，北京：商务印书馆 1959 年版，第 63 页。

［59］《内蒙古自治区志·水利志》，海拉尔：内蒙古文化出版社 2007 年版，第 207 页。

［60］史念海：《新秦中考》，载史念海：《黄土高原历史地理研究》，郑州：黄河水利出版社 2001 年版，第 801 页。

［61］（南朝宋）范晔：《后汉书》，北京：中华书局 1965 年版，第 2893 页。

［62］王亚妮：《内蒙古地区出土的战国秦汉时期农具研究》，呼和浩特：内蒙古师范大学 2020 年硕士论文，第 29 页。

［63］王亚妮：《内蒙古地区出土的战国秦汉时期农具研究》，呼和浩特：内蒙古师范大学 2020 年硕士论文，第 32 页。

［64］连吉林、李强：《内蒙古战国秦汉考古综述》，《草原文物》2019年第1期，第13~16页。

［65］谭其骧认为此时山西是泛指函谷关以西，关中盆地和泾渭北洛上游西至黄河皆在其内。

［66］碣石：指今河北昌黎县北碣石山；龙门：指今禹门口所在的龙门山，在关中盆地与汾涑水流域的北边分界线上。

［67］谭其骧：《何以黄河在东汉以后会出现一个长期安流的局面——从历史上论证黄河中游的土地合理利用是消弭下游水害的绝对性因素》，载谭其骧：《谭其骧全集》（第一卷），北京：人民出版社2015年版，第398页。

［68］王振贵主编：《内蒙古自治区志·水利志》，呼和浩特：内蒙古人民出版社2007年版，第207页。

［69］钱穆：《中国历史精神》，贵阳：贵州人民出版社2019年版，第128页。

［70］《内蒙古自治区志·水利志》，海拉尔：内蒙古文化出版社2007年版，第207页。

［71］（西汉）司马迁：《史记》卷二十九《河渠书》，北京：中华书局1959年版，第1414页。

［72］（西汉）司马迁：《史记》卷三十《平淮书》，北京：中华书局1959年版，第1424~1425页。

［73］王振贵主编：《内蒙古自治区志·水利志》，呼和浩特：内蒙古人民出版社2007年版。

［74］王晓琨：《内蒙古中南部地区秦代城址及相关问题》，载魏坚主编：《北方民族考古》（第2辑），北京：科学出版社2015年版，第166页。

［75］王晓琨：《内蒙古中南部地区秦代城址及相关问题》，载魏坚主编：《北方民族考古》（第2辑），北京：科学出版社2015年版，第165页。

［76］王晓琨：《内蒙古中南部地区秦代城址及相关问题》，载魏坚主编：《北方民族考古》（第2辑），北京：科学出版社2015年版，第167页。

［77］连吉林、李强：《内蒙古战国秦汉考古综述》，《草原文物》2019年第1期，第13~16页。

［78］连吉林、李强：《内蒙古战国秦汉考古综述》，《草原文物》2019年第1期，第13~16页。

［79］（东汉）班固：《汉书》卷六《武帝纪》，北京：中华书局1962年版，第158页。

［80］（东汉）班固：《汉书》卷二十七下《五行志下》，北京：中华书局1962年版，第1449页。

［81］史念海：《历史时期黄河中游的森林》，载《河山集》（第二集），北京：生活·读书·新知三联书店1981年版，第258页。

第六章

魏晋南北朝：草原民族治下的黄河与内蒙古农业盛衰

黄河岸边（白林云摄影）

呼和浩特市武川县坝顶村（白林云摄影）

第六章图表索引

东汉末期，三国鼎立，中原地区的动乱给北方草原游牧民族提供了崛起的契机。匈奴、羌、鲜卑等草原游牧民族实际控制区域向南扩展至35°N~40°N的广大地区，40°N沿线多被纳入草原民族政权疆域之内，并成为游牧民族的实际控制区域，游牧经济在这一区域再次兴起并取得了恢复发展。此外，魏晋南北朝是中国历史上政权更迭最为频繁的时期，也是内蒙古黄河流域人口、种族最为丰富、数量变化最为复杂的时代。这一时代的主要政权包括三国时期的曹魏、蜀汉、东吴，两晋时期的西晋、东晋（包含十六国），以及南北朝时期的数个政权（南朝为前后相继的宋、齐、梁、陈四代，北朝有北魏和从北魏分裂出的东魏、北齐和西魏、北周）。所谓的"魏晋南北朝"，是对该时期先后出现的几个朝代的复合性统称，虽然只有短短的五个字，但是其中所包括的朝代及国家却多达几十个，囊括了该时代中华大地上的主要王朝与割据政权。

在魏晋南北朝，北方草原上出现了众多游牧民族政权，他们不但在草原上称雄争霸，也同南方由中原汉人建立的王朝政权展开了旷日持久的争夺战，共同推动着中国统一多民族历史的发展变迁。尤其是鲜卑族拓跋氏建立起北魏政权之后，相继灭亡和兼并了那些曾经统治过内蒙古草原的各北方草原民族政权，蒙古草原的大部分区域被纳入北魏的统治版图之内或受其控制。自此而后，北魏开展了同汉人（南朝）建立政权的对抗与疆域的争夺战争，最终形成了南北朝时期"南朝"与"北朝"势均力敌的状态。为了稳固自身统治，北魏及之后的北方政权开展了对内蒙古黄河流域的统治与开发建设，推动了当地在这一时期的历史文化发展。

综合而言，魏晋南北朝时期，先后有三十多个国家及政权在中华大地上交替兴灭，频繁的战争给民众生活造成了巨大破坏。但在同时，农耕民族与游牧民族之间开展了广泛且深入的碰撞与交融，这一民族互动的过程推动了我国统一多民族国家的发展和中华文化的创新繁荣。魏晋南北朝时期，民族融合的趋势与程度相较两汉时期愈加显著，尤其是蒙古草原同中原地区之间的交流互动更加普遍。单从服饰变迁角度来说，魏晋南北朝时期是中华民族着装发生大变动的关键时期。由于当时的草原民族同中原地区来往频繁，胡服一度引领时尚。圆领、紧身和下摆开衩的胡服对汉族的着装习惯产生重大影响，并直接带来了隋唐时期两京地区圆领袍、蹀躞带等服饰的流行。另一方面，在农耕与游牧民族的交流互动过程中，中原文化也不断向北传播，对北方草原民族也产生了深远影响。

一、南匈奴、乌桓与鲜卑对内蒙古黄河流域的开发利用

自东汉以来，由于匈奴政权的南北分化，南匈奴逐渐成为内蒙古黄河流域的实际控制者，在此地兴建都城并开展对此区域的开发利用。到了东汉末年及魏晋南北朝时期，匈奴政权逐渐走向衰落，鲜卑逐渐迁入内蒙古黄河流域并迅速崛起，成为当地的主要开发者，对内蒙古黄河流域产生了重要历史影响。

（一）东汉以来匈奴政权对内蒙古黄河流域的开发利用

东汉时期，蒙古草原上的匈奴政权走向分裂，具体说来，建武二十四年（48年），匈奴政权内部为争汗位发生了战争，匈奴贵族之间相互征伐残杀，此时的呼韩邪单于率领部众南下归附东汉王朝，由此，匈奴分为南匈奴和北匈奴两大部。南匈奴投降汉朝后散居在沿边八郡，后又南迁至汾河流域，与中原地区的农业人口交往密切。到了东汉末年，分布于西河、五原及朔方等地的南匈奴陆续向东南方向移动，多半在并州中部地区的汾河流域停居下来。此外，东汉政府在南匈奴所辖疆域内还设立了匈奴中郎将，监护匈奴政权的各项活动，并每年给归附的南匈奴一定的粮食、丝帛等物资用以笼络南匈奴势力，与此同时，南匈奴的单于也协助东汉王朝共同抵御北匈奴的南下侵扰，保卫边疆，这在很大程度上也促进了汉人与匈奴之间的民族融合。

自公元220年曹操病逝之后，其子曹丕逼迫汉献帝禅让，立国号为魏，直至北周静帝大象二年（580年）灭掉北齐，统一中国北方，中原大地经历了三百余年持续不断的纷争。[1]西晋时期，塞外匈奴诸部纷纷南迁，略计19种，共计30余万人，其中南迁的一部分就散居在今乌兰察布和鄂尔

图 6-1　统万城遗址（鄂尔多斯博物馆供图）

多斯的部分地区。这些南迁的匈奴部落中，最值得注意的是"铁弗"匈奴[2]，这一部落约在4世纪80年代来到朔方（今鄂尔多斯市的南部地区），其首领赫连勃勃在义熙三年（407年）建立了大夏国，定都统万，命叱干阿利主持修建了国都统万城（图6-1）。该城为"蒸土"而筑，修筑城时耗费了民工约40万~50万人，由此可见此城建筑之宏伟与规模之庞大。当时，内蒙古黄河流域的大部分领地多在赫连勃勃的统治之下，大夏国陆续从陕西等地迁来2.3万户人家（约有11万人）至大城地区（今杭锦旗东南）。[3]

统万城是十六国时期建成并遗留至今最完整的一座古城址，较好的保存现状使其成为研究当时城市防御设施的典范（图6-2）。此外，统万城军事防御设施的完备更是印证了匈奴铁弗部在赫连勃勃时期军事武力的空前强盛。统万城的城市防御设施主要体现在城墙及其附属建筑上，主要包括城墙、护城壕、马面、瓮城、角楼等

基本设施。大夏国覆灭以后，统万城并没有随之衰败，而是一直使用到宋初。北魏平城时期，北魏政权的统治者在这里设置了统万镇，作为防御柔然、控制朔方的重要军事据点。当时的朔方地区在统万城的统辖之下，成为首都平城西面的重要屏障和北魏政权沟通西域的重要交通枢纽。北魏太和十一年（487年）设置了夏州，仍以统万城为治所，统万城所辖的朔方地区也因之由军镇升级为行政区。北魏迁都洛阳以后，统万城则成为防御北方柔然南下侵扰的重要防御工事。隋朝建立之初，统万城是朔方郡的治所。[4]

图 6-2 统万城角楼（鄂尔多斯博物馆供图）

图 6-3　统万城墙体夯层（白林云摄影）

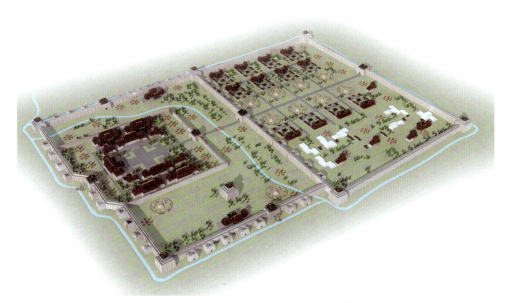

图 6-4　统万城复原图（鄂尔多斯博物馆供图）

可以说，自赫连勃勃建立大夏国直到隋朝初年的近两百年里（图6-3），统万城都是防御北方草原游牧政权或治理边地的战略要地（图6-4）。

　　置于东汉后期全国大的历史背景之下，黄巾起义爆发后，东汉王朝统治下的中原地区陷入持续混战阶段，无暇北顾，草原游牧民族便趁机崛起，建立起较为强大的草原政权，且不断南下侵扰中原并向南拓展领土。在当时，一部分南匈奴部众留居并州，以平阳（今山西临汾）为中心，转战各地，掠夺土地和人民。到了建安七年（202年），内迁的南匈奴继续南迁后投降于曹操。[5]建安二十年（215年），云中、五原等五郡被撤

销。曹魏政权（220年—265年）建立以后，北方出现了短暂性的统一，在此期间，曹魏政权在北方的游牧地带立郡十二，而省废者七。其中包括曾是内蒙古中西部地区重要行政建置的朔方、五原、云中、定襄等郡。[6]可见，曹魏政权虽然试图恢复对北方尤其是内蒙古黄河流域的控制，但是纵观曹魏与西晋两朝的北疆治理，皆无力恢复对这一区域的统治。因而自曹魏政权省废七郡以后，该区域成为纯粹的"羌胡之地"，至东晋时期相继被前赵、后赵、前秦、后秦、大夏等诸族政权所统辖。[7]

　　在三国时期北方动乱频仍的情况下，曹魏政权对北方草原边疆地带的

图 6-5　北魏长颈黑陶瓶（鄂尔多斯博物馆供图）

图 6-6　三国四系三足铜盆（鄂尔多斯博物馆供图）

控制，是通过间接统治的方式实现的。由于东汉末年以来，北方战乱频仍，土地荒芜，人口数量锐减，统治者为了增加劳动力与兵员来源，便采取了招徕少数民族、默许其内迁的政策。因此在三国时期，除南匈奴迁入并州诸郡及河套一带外，乌桓、鲜卑等东胡也逐渐迁入并州一带，开始同南匈奴及中原政权争夺这一区域的土地。与此同时，北方草原上的南匈奴、乌桓及鲜卑等游牧部落的大量内迁，也成为东汉末年北方边界威胁中原政权稳定的重要问题（图6-5）。其中，并州地区更是成为胡汉民族之间相互碰撞与杂居之地。[8]在这种政权

对峙的局势下，三国时代以后的蒙古草原，尤其是南侧的广阔区域逐渐为鲜卑等游牧民族实际占据，农业人口或被迫回迁中原地区、或被纳入游牧民族政权治下。那些在秦汉时期设立的郡县也因为草原民族的控制而逐渐废弃，成为废墟或是破坏了的自然景观（图6-6）。

（二）乌桓与鲜卑对内蒙古黄河流域的开发利用

魏晋之际，随着草原游牧民族政权兴起及控制疆域向南的不断拓展，并州辖境较之前代大为缩减，蒙古高原上只

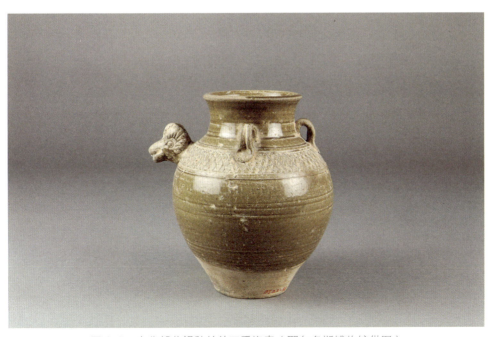

图6-7　南北朝黄褐釉羊首三系瓷壶（鄂尔多斯博物馆供图）

有额济纳河流域仍在曹魏及西晋的凉州西海郡管辖之下，原来设置在内蒙古的五原、云中等郡的治所均侨迁至今山西境内。[9] 当时，自秦汉以来在北方边境地区实行的移民屯田之地多已荒废。东晋时，内蒙古黄河流域的鲜卑部落分布较为广泛，成为这一区域的主要分布民族与人口构成。如此时期鄂尔多斯高原上就存在十余处鲜卑部落（图6-7），相关信息可参见表6-1。

表6-1 东晋时期分布于鄂尔多斯高原上的鲜卑部落

鲜卑诸部名称	迁入鄂尔多斯高原时间	迁徙路线及分布区域	最后归属
拓跋部	256年—263年	沿今鄂尔多斯高原西北的黄河西岸迁徙	为前秦所灭
乞伏部	东汉安帝年间（106年—125年）	由今西南鄂尔多斯高原迁入今宁夏山水河流域	为大夏国赫连定所灭
吐谷浑部	285年—289年	由阴山南下经今鄂尔多斯高原、陇山迁入今甘肃临夏	为吐蕃所灭
河西鲜卑目六延部	319年	河西、朔方（今鄂尔多斯高原）	为后赵石虎所灭
朔方鲜卑斛摩头部	338年	朔方（今鄂尔多斯高原南部）	为后赵石宣所灭
鲜卑斛谷提部	343年	朔方（今鄂尔多斯高原南部）	为后赵石宣所灭
四部鲜卑陆逐延部	308年	上郡（今鄂尔多斯高原东南部）	归降刘渊
三交城五部鲜卑	407年	朔方（今鄂尔多斯高原南部）	归属赫连勃勃
薛干等部	391年—428年	以三城（今陕西延安）为中心的周边地区	428年归降北魏
叱干部	无考	今宁夏苦水河（今鄂尔多斯高原西南部）	归属赫连勃勃
杜仑部	无考	今内蒙古磴口县至杭锦后旗南北流向的古黄河以西地区（鄂尔多斯高原毗邻区）	归属赫连勃勃

（资料来源：王兴锋：《秦汉魏晋时期鄂尔多斯高原民族地理研究》，陕西师范大学博士论文，2016年。）

图6-8　彩绘胡人俑（鄂尔多斯博物馆供图）

　　由表6-1所梳理内容可以发现，到东晋时，鲜卑部落已基本上控制了内蒙古黄河流域的绝大部分地区，尤其是在鄂尔多斯高原上，到处可见鲜卑之部落的活动踪迹，这些部落迁入鄂尔多斯高原前后经历了百余年的时间，也由此可见鲜卑各部在内蒙古黄河流域存在时间之长久，他们的迁入势必对当地历史文化发展产生显著的影响，这在当代有关魏晋南北朝时期鲜卑的考古发掘中也有所展现。

　　伴随着匈奴政权的衰落，蒙古草原上又相继出现了一些其他草原民族，如乌桓和鲜卑，他们同属北方草原民族中的东胡系统。与兴起于蒙古草原的东南部的匈奴一样，东胡也是北方草原地区强大的部落联盟，他们兴起于蒙古草原的东南部及东北部地区。匈奴与东胡的统治范围都在今内蒙古自治区境内，他们都对内蒙古黄河流域进行过治理与开发建设，产生了深远的历史影响（图6-8）。

　　乌桓兴起于大兴安岭南端，当地自然环境属于以灌木草原为主的景观风貌，受自然环境的影响，起源于此地的乌桓人坚持以游牧、狩猎为主要的生产与生活方式。根据史书的记载，他们"俗善骑射，弋猎禽兽为事，随水草放牧，居无常处。以穹庐为舍，东开向日。食肉饮酪，以毛毳为衣"（图6-9）。随着乌桓与中原农业人口交往的逐渐加深，其经济结构中也出现了一些农耕经济。[10] 再看鲜卑之兴起，相传拓跋鲜卑部落最早发源于大鲜卑山（位于今呼伦贝尔市鄂伦春自治旗阿里河镇西北部），著名的"嘎仙洞"就位于这里。嘎仙洞是一个纯天然的山洞，更是鲜卑人的祖地，位于今呼伦贝尔市鄂伦春自治旗阿里河镇西北10公里嘎仙洞森林公园内的嫩江支流甘河北岸噶珊山半山腰花岗岩峭壁上，其所在地的山脉正是

图6-9　三国石匜（鄂尔多斯博物馆供图）

大兴安岭北段顶峰东端。鲜卑人大致经历了13代，用了将近300年的时间才从大鲜卑山迁至"匈奴故地"，即今河套—阴山一带。在迁徙的过程中，他们不断吸收并融合了其他民族值得借鉴的文明要素，进一步促进了本民族的发展强盛，人口数量也在此过程中不断增长。鲜卑人在崛起的过程中，先后在盛乐与平城建立都城，[11]并吸收了各地先进文化的生产方式与经验，逐渐发展成为一个强大的草原游牧政权。

根据马长寿先生的考察，东汉末期，由于乌丸的不断内迁，乌丸[12]以北的鲜卑（东胡一支）也随之逐渐南迁。在此时期，塞外出现了三大部落：一是以鲜卑族人檀石槐后裔步度根为首的集团，他们的居住地为并州五原、云中、雁门及幽州的代郡一带；二是被称为"小种鲜卑"的轲比能集团，他们的居住地在代郡以东的上谷、渔阳边塞内外；三是以原檀石槐的东部大人素利、弥加、厥机等部为核心的鲜卑集团，他们的居住地在辽西、右北平、渔阳塞外。[13]这些部落大多是以单纯的游牧经济为主的草原游牧民族所建立的，农业在其治域内极少出现，即使有，也只是零散分布在其疆域的边缘尤其是南缘地带。这种局面，使得游牧经济呈现出繁荣发展的局面（图6-10）。

东汉以后，随着北匈奴的不断西迁，鲜卑沿长城地带逐步占领了匈奴故地，这一历史场景也为当代考古学揭示出来。从墓葬分布上看，阴山南北地区的鲜卑墓葬包括"东大井"墓地、"三道湾"墓地、"二兰虎沟"墓地、"赵家房村"墓地、"下黑沟"墓葬、"常家村东滩鲜卑"墓地、"石家沟"墓地、"皮条沟"墓地、"郝家窑"墓葬、"百灵庙"墓地及"陈武沟"墓群、"阿拉腾沟"墓地等多处遗迹。[14]

乌桓同鲜卑一样，随着政权势力的逐渐强盛，大部分族群都迁入了中原农耕地区，或者较长时段占据着陕北及晋北等地（图6-11）。在南迁及定居生活过程中，他们同汉人之间不

图 6-10　西汉"长乐未央"铭文砖（鄂尔多斯博物馆供图）

图 6-11　北魏陶俑（内蒙古河套文化博物院供图）

可避免地发生了密切交往，与汉人杂居在一起，过着农耕—游牧经济交织并存的生活，并历时数百年之久（图6-12）。随着乌桓及鲜卑等游牧部落的相继兴起，那些在秦汉时期活跃于蒙古草原上的农业人口逐渐减少，农业生产范围也随之向南收缩，这一历史趋势在东汉以来就已普遍出现，到了魏晋南北朝时期则完全展现了出来。内蒙古黄河流域的汉族人口数量逐渐减少趋势可参见表6-2。

图 6-12　北魏彩绘陶鸡（内蒙古博物院供图）

表6-2 两汉时期内蒙古某些郡人口数量波动比较统计表

郡名	（一）东汉永和五年（140年）人口	（二）西汉元始二年（2年）按东汉郡区调整人口	（二）—（一）在向同郡区内两汉人口之减少	东汉人口占西汉人口的比例（%）
朔方郡	7843	154404	146561	5.1
雁门郡	249000	331926	82926	75.0
定襄郡	13571	66840	53269	20.3
云中郡	26430	227652	201222	11.6
五原郡	22957	231328	208371	9.9
西河郡	20838	681060	660222	3.1
上 郡	28599	606658	578059	4.9

（资料来源：宋迺工主编：《中国人口·内蒙古分册》，北京：中国财政经济出版社，1987年。）

由表6-2所统计数据可以发现，两次人口统计时间相差138年。东汉时，中原政权在内蒙古地区设置的郡县内的人口数量相比西汉出现了急剧减少，这无疑与乌桓及鲜卑入塞后的冲击有关。尤其在章帝元和元年至章和元年（84年—87年）期间，鲜卑多次冲击北匈奴政权，导致部分匈奴人继续北迁他地，鲜卑人乘机进入北匈奴境内，并收纳了10余万户匈奴人。[15]鲜卑部落从此壮大了自身实力，奠定了其发展壮大的基础。

据史料记载，与曹魏代汉几乎是同一年，活动于阴山地区的拓跋鲜卑部落遭到外族打击后便一蹶不振，其首领拓跋力微（174年—277年）因此而不得不依附于没鹿回部大人窦宾，并娶其女以巩固双方之间的联盟关系。拓跋力微率部北居长川，蓄养实力以备东山再起。事实也证明了鲜卑首领拓跋力微抉择的正确性，随着其势力的逐渐恢复，拓跋部逐渐开始了收复失地与开疆拓土之举。公元258年，拓跋力微从大青山后进驻到土默特川平原上，柴燎祭天建国，定都于定襄之盛乐（图6-13、图6-14）。[16]

自此，整个内蒙古地区魏晋南北朝的历史开始由拓跋鲜卑部落为主角演绎着。早期拓跋部留下的活动遗迹，集中分布在以阴山地区为中心的内蒙古

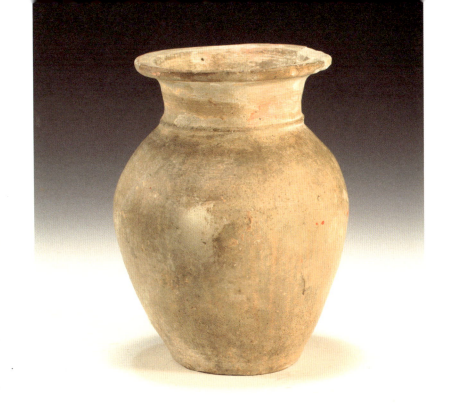

图 6-13　北魏盘口灰陶瓶（鄂尔多斯博物馆供图）

图 6-14　北魏陶壶（鄂尔多斯博物馆供图）

地区，他们遗留下的大量考古遗存中以墓葬、城址最具典型性。[17]

随着鲜卑部落的逐渐崛起，他们相继征服了周围的其他草原部落，成为塞外尤其是今日内蒙古地区绝大部分区域的实际控制者。此后，在并州和塞外地区，以游牧为主要经济类型的鲜卑族拓跋部发展壮大，成为当地的实际控制者。[18]南北朝后期，北魏、东魏、北齐及西魏、北周相继占据并控制了包括内蒙古黄河流域在内的蒙古草原的中西部大部分地区，蒙古草原其他地区则被一些割据政权及新型草原民族所占据，从而构成了此时北方草原上的民族分布格局与势力割据局面。

北魏由鲜卑族拓跋部所建立，其前身为十六国时期的代国。淝水之战后前秦政权崩溃，代王拓跋什翼犍之孙拓跋珪举兵复国，建都城于盛乐（或称"盛乐古城"，位于今内蒙古自治区呼和浩特市和林格尔县北的和林格尔土城子遗址），定国号为魏，史称北魏（图6-15、图6-16、图6-17）。北魏于盛乐建都时，政治和文化都展现出强烈的多元面貌。1997年—2007年的10年间，考古工作者在呼和浩特市和林格尔县土城子古城周边清理发掘的代魏墓葬可分为竖穴土坑墓、偏穴室墓、台阶—斜坡墓道土洞墓及砖室墓等，多为单人仰身直肢

葬，部分墓葬有殉牲，随葬品有陶器、铜器、铁器等（图6-18）。和林格尔县鸡鸣驿北魏壁画墓在展示胡汉杂糅景象的同时，也表达了拓跋鲜卑崇尚自身传统的民族心理以及文化的独立性与包容性。此外，年代大体为5世纪中晚期的锡林郭勒盟伊和淖尔墓群出土的器物，同样也较为完整地展示出了北魏以包容开放的态度吸收糅合来自各方文化因素的繁荣现象，随葬品的造型风格、制造技术等所反映的文化联系可达巴克特里亚乃至黑海北岸地区。如此种种，均体现了在民族大流动时代北魏通过草原丝绸之路沟通古代东西方世界的盛况。[19]

建国盛乐之初，在北魏政权的周边仍有许多草原民族政权势力存在，这些势力无疑严重地威胁到了北魏政权的安稳。北魏的四面均有强敌，北面阴山的北侧就是柔然[20]和高车[21]，东面的西拉木伦河及老哈河流域有契丹和库莫奚，[22]南面有慕容氏建立的后燕国，西面的河套地区有铁弗匈奴政权。为了拓展疆域并进一步巩固政权，拓跋珪在位期间（386年—409年），屡次率兵亲征并兼并了周边部落，获得了大量财物，进一步巩固了北魏政权。拓跋珪还经过一系列对外战争，兼并了高车和柔然等部。[23]拓跋珪的势力由之不断强大，成为当时活跃于内蒙古黄河流域的主要势

图 6-15　南北朝侈口高领灰陶罐（鄂尔多斯博物馆供图）

图 6-16　南北朝侈口折腹灰陶罐（鄂尔多斯博物馆供图）

图 6-17　鲜卑鹿纹陶壶（内蒙古自治区文物考古研究所供图）

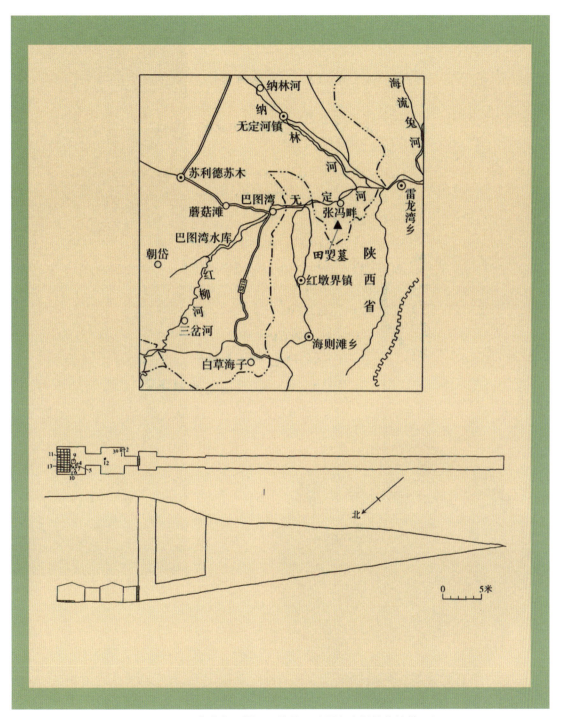

图 6-18　田嬰墓墓葬平面图、结构图（鄂尔多斯博物馆供图）

力，初步具备了立国称帝的条件。[24]
到了天兴元年（398年），拓跋珪建都
平城（今山西大同市东北部地区），
完成了拓跋氏兴起以来的第二次建都
（图6-19）。拓跋珪的国都由盛乐迁
至平城（图6-20），展示着都城地理
位置不断向南拓展，这也表明了鲜卑
势力影响范围逐渐向南拓展。

　　由都城地理区位的变化可以发
现，这一时期作为游牧民族的鲜卑
族的统治区域正在向南迅速推进，在
此时期内，汉人政权的统治力量总体
上退出了蒙古草原，以农业为主的汉
族人口及农业生产范围也随之同时南

图6-19　北魏莲花纹瓦当（包头博物馆供图）

图 6-20　北魏墓葬出土的敕勒川狩猎壁画（内蒙古博物院供图）

退，草原民族随之大量南迁，进入一些曾被中原政权统治之地，从而促进了游牧经济的恢复发展，一些已被破坏的自然环境得到修复。就游牧民族控制疆域的变化而言，三国时游牧民族控制区域的最南端为40°56′N，115°E（河北省张家口市东北）、西晋时为40°56′N，115°E（河北省张家口市东北）、东晋时为32°18′N，115°E（河南省息县临河镇）、南北朝时为30°24′N，115°E（湖北省浠水县下巴河镇）。[25]可以发现，此时中原地区战乱频仍，草原民族乘机不断向南拓展疆域，其影响范围已经越过了黄河流而抵达了长江流域（图6-21）。

图 6-21　北魏金饰片（内蒙古博物院供图）

二、民族融合趋势的不断加强

　　游牧民族的南下促进了他们同中原汉民族的直接交流与融合。草原民族除了单纯凭借着军事胜利将疆域向南拓展外，他们的"慕化"内迁更成为促使游牧民族与农耕民族交融的关键影响因素。这一民族间相互交流融合的方式相对温和，因而也更为有效。此外，草原上诸游牧民族之间的交流融合也未曾停止。自东汉晚期至

魏晋北朝时期，匈奴、鲜卑、乌桓等部族活动于阴山南北地区，彼此之间存在着深入的交流与融合（图6-22），这为当代考古工作中确定墓葬族属带来了一定困难。如"二兰虎沟"墓地、"赵家房村"墓地等曾被认为是匈奴的遗存，但部分墓葬的出土器物却体现出檀石槐部落大联盟时期鲜卑文化与匈奴文化之

图6-22　"晋鲜卑归义侯"金印（内蒙古博物院供图）

图6-23 "晋鲜卑率善中郎将"银印（内蒙古博物院供图）

间的交流，以及拓跋鲜卑文化与受匈奴文化影响的东部鲜卑文化并存的现象。因此，总体而言，该遗址显示了十六国时期拓跋鲜卑到达内蒙古中南部附近后吸收了较多檀石槐鲜卑文化因素，大体遵循了檀石槐鲜卑大联盟的文化轨迹发展。[26]这同时也体现出诸草原民族之间的交流与融合（图6-23）。

如拓跋珪计划建都立国之后，即迁徙太行山以东六州吏民、徒何鲜卑、高句丽及三十六署百工伎巧共十余万人以充实京城。与此同时，这一时期的中原大地正处于十六国的混战时期，战乱频发严重影响了民众的生存，但鲜卑部落却能加强力量，四面出击，坚定地维护部族利益，以致能在十六国的混战中获得优势，逐渐统一黄河流域和整个北方。当时，北魏统治者实行较为开明的经济和民族政策，广泛吸纳了北方各个地区的优秀人才参与政权建设中来。部落和胡汉之间的界限不再明显，北魏政权也随之强盛，并吸引了更多其他部落的归附。[27]这一过程，正体现出了民族间广泛且深入的交流融合（图6-24、图6-25）。

天兴元年（398年）六月，道武帝拓跋珪诏有司议定国号，群臣议以"代"为宜，但最后拓跋珪定国号为"魏"，这显示他不满足于统有"代"地，而是志在天下。同年（398年）七月，北魏迁都平城，始营建宫室，建宗庙，立社稷。八月，下诏定封畿、道里、度量衡制度。十一月，诏有司典官制，立爵品、定律令，制礼乐，造浑仪，考天象。拓跋珪深知，若想统治中原，离不开汉族儒士的辅佐，因而他高度重视汉族儒士，制定典章制度时也广泛参考了汉族的典章制度，并在此基础上结合了本民族的特色制定了新的典章制度。十二月，拓跋珪于天文殿即皇帝位，追谥祖先，制定一系列的相应典章制度，又迁徙6州22郡守宰、豪杰、吏民两千家于平城（图6-26）。次年（399年），颁诏令设置五经博士，国子监太学生增至3000人，儒学随之在北魏发展起来。拓跋珪进入中原后十分注重保护农业生产，在作战时也严禁伤毁农作物。[28] 拓跋珪建都平城后，围绕着平城营造了大量定居建筑，民众被大量迁徙于此，这奠定了对其都城周边地区的早期开发建设的社会基础，并促进了此时期内蒙古中南部地区及以南区域的农业发展。

随着拓跋珪的开疆拓土，到太武帝拓跋焘（424年—452年）时期，北魏又相继消灭了夏、北燕、北凉等政权，基本上实现了统一中国北方的大业，此时北魏政权的疆域覆盖了内蒙古的大部分地区，向南也控制晋北、陕北及宁夏等历来属于中原政权的辖地。这一时期，北魏政权在其统治疆域内修建了一些规模较大的城市或边镇。设置的6个军镇[29]中，有5个位于今内蒙

图6-24　北魏双羊五轮金饰牌（呼和浩特博物馆供图）　图6-25　北魏高足银杯（内蒙古博物院供图）

图 6-26　山西省大同市沙岭北魏壁画墓（内蒙古博物院供图）

古地区，即沃野镇[30]（图6-27）、怀朔镇[31]、武川镇[32]、抚冥镇[33]与柔玄镇[34]。军镇是北魏创设的军政合一的机构，既要管理军队也要管理辖区内的其他民众，居住于军镇内的居民大多为汉人、鲜卑人与匈奴人，以及一些被发配来的犯罪之人与自发迁来的其他民族，由此构成了当地多民族杂居交融的社会生产与生活格局（图6-28）。

六镇之间分布有若干戍城，据文物调查的结果，自西向东有：巴彦淖尔市乌拉特中旗的"德岭山"古城、乌拉特前旗的"增隆昌"古城、呼和浩特市武川县的"二份子"古城、乌兰察布市四子王旗的"库伦图"古城、乌兰察布市察哈尔右翼中旗的"元山子"古城、乌兰察布市察哈尔右翼后旗的"白音察干"古城等。在六镇之南的阴山之中，调查发现有三座北魏时期的皇帝行宫，这些行宫均位于呼和浩特市武川县，分别为榆树店古城（广德殿）、圪塔古城（行宫名无考）、土城梁古城（阿计头殿）。此外，鄂尔多斯市准格尔旗的"十二连城"古城（图6-29、图6-30）、"石子

图 6-27　乌拉特前旗根子场古城——北魏沃野镇古城（内蒙古博物院供图）

图 6-28　北魏孝文帝改革（内蒙古博物院供图）

图 6-29　十二连城城址卫星图（鄂尔多斯市文物考古研究院供图）

图 6-30　十二连城城址（鄂尔多斯博物馆供图）

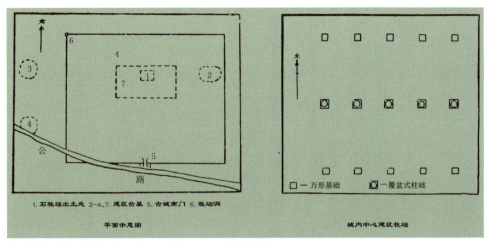

图 6-31 准格尔旗北魏时期石子湾古城平面图及城内高台地建筑柱础分布示意图（鄂尔多斯博物馆供图）

湾"古城（图6-31）也可能为北魏行宫，有待进一步考证。另外，在六镇之北的漠南草原之上也陆续发现了一些北魏部族城，如乌兰察布市化德县向阳古城、锡林郭勒盟正镶白旗双山子古城等。[35] 这些戍城在当时是北魏政权治理边地的重要环节与前沿阵地，所保留的部分城市遗址更是为当代的学术考察和研究提供了重要参考资料，等待有识者作进一步的深入考察和发掘。

其他位于内蒙古黄河流域的北魏时期遗址还包括"美岱村""大学路"等地的北魏墓葬，以及鄂尔多斯准格尔旗的"沙圪堵石子湾"遗址等。此外，根据张文平等学者的研究，当代考古工作中陆续发掘的相关遗址还有很多，包括"坝顶"遗址、

"下南滩"遗址等多处。在呼和浩特市武川县大青山蜈蚣坝坝顶之上，有一处现存主要遗迹为平面呈圆形夯土台基的建筑遗址，考古学将其命名为"坝顶"遗址（图6-32）。武川县可可以力更镇西南约6公里处的"下南滩"遗址，主体遗迹为三座呈东西"一"字形排列的夯土建筑基址，即北魏孝文帝太和十八年（494年）北巡时幸临的"阴山之讲武台"。在阴山南北地区还发现了大量的北魏烽戍以及多座北魏窖藏，如乌兰察布市商都县大库伦乡的"石豁子"窖藏、凉城县的"小坝子滩"窖藏、包头市达尔罕茂明安联合旗西河乡的"前河"窖藏等，其中，"石豁子"窖藏出土有"大员铜壶""三兽足铜盘"等珍贵器物。[36] 这些丰富的考古遗迹的发掘

图6-32　北魏皇帝祭天遗址发掘现场（呼和浩特博物馆供图）

也一定程度上再现了历史时期鲜卑族在内蒙古黄河流域的历史文化。

军镇以外，北魏还在今内蒙古地区设置了州郡，如恒州（辖境包括今内蒙古黄旗海、岱海以南地区）、朔州（辖境包括今土默特川平原、鄂尔多斯高原东北段）、夏州（辖境包括今内蒙古鄂尔多斯的大部分地区）、凉州（辖境以今额济纳河流域为主）等。[37]这些州郡更多的是对辖区民众的管理，军事色彩较之军镇而言淡化了许多。

拓跋珪建立政权以后，在其疆域北侧还存在着柔然等游牧势力南下侵扰的威胁。作为游牧政权的柔然，在与北魏政权正面冲突期间，一旦北魏军队大举深入，柔然部落就驱赶着牲畜向更北、更西地区逃遁，等待北魏

大军撤退后，他们又重新返回故地，仍然继续扰乱边地。面对柔然的频繁骚扰，北魏在出兵讨伐的同时也不得不采取防御措施，为防御柔然等的南下侵扰，北魏开始修筑长城[38]（图6-33）。北魏长城的范围，东起今河北赤城县，经内蒙古乌兰察布市南部、鄂尔多斯市东部，西抵包头市西侧，全长2000多公里，这是今内蒙古自治区境内北魏时期长城分布区域的宏观概括。

具体说来，根据《内蒙古自治区长城资源调查报告·北魏长城卷》的介绍："内蒙古自治区境内的北魏长城，按照以前相关专家学者的调查研究，自东向西分布于锡林郭勒盟、乌兰察布市、呼和浩特市和包头市。因

图 6-33　北魏长城（鄂尔多斯博物馆供图）

此，关于内蒙古自治区境内的北魏长城，主要集中于东起乌兰察布市商都县，西至包头市达尔罕茂名安联合旗和呼和浩特市武川县一带。此外，地处锡林郭勒盟境内的一段长城亦被认为是北魏长城。"[39] 经过数年的调查研究，可初步将内蒙古自治区境内的北魏长城分为四条线路，分别是：

第一条为泰常八年长城，始筑于泰常八年（423年）二月，主要修缮利用秦汉长城，大致以秦代蒙恬修筑的位于阴山山脉北坡的秦始皇长城的东端，即今呼和浩特市新城区毫沁营镇坡根底村附近为界，以西部分利用了阳山秦汉长城，以东部分利用了战国赵北长城，再向东至卓资县三道营古城东北，又向南利用了蛮汉山秦汉长城。泰常八年长城在北魏六镇长城筑就之后仍在使用，是六镇长城之南又一道重要的军事防御线。

第二条为六镇长城南线，主要分布于阴山山脉以北的乌兰察布草原。

第三条为六镇长城北线，由东向西分布于四子王旗、达尔罕茂名安联合旗和武川县境内。初步推断，六镇长城南线始筑于北魏皇兴年间（467年—471年），其后，又增筑了北线，这些营建活动一直持续至太和年间（477年—499年）。

第四条为太和长堑，东自河北省丰

宁满族自治县伸入锡林郭勒盟多伦县、正蓝旗境内，修筑于太和年间。[40]

可以发现，北魏时期修筑的长城多在内蒙古黄河流域，这也表明北魏时期的主要活动区域也分布在这一地区。马长寿先生认为，在中国中古史上，十六国的前燕和北朝中的北魏对于黄河流域的统一以及辽东、漠南、并北的开发，在不同程度上有一定的贡献。[41] 尤其是鲜卑，他们对于内蒙古黄河流域的控制与开发更是意义深远。

综合考察战国以来内蒙古黄河流域民族分布的区域特征可以发现，历史时期内蒙古黄河流域有诸多民族迁徙至此，并形成了不同的阶段性民族交流特征，根据王兴锋的研究，大致分为四个阶段。

第一阶段，战国至西汉初期，由于中原地区动乱及西汉初建时国家实力相对衰落，此时中原王朝统治下的汉族与匈奴诸部在鄂尔多斯高原及毗邻地区主要以长城、黄河为界，形成了"南有大汉、北有强胡"的民族分布格局。

第二阶段，汉武帝即位后，通过三次决定性战役清除了匈奴对汉朝北部边疆安全的威胁，特别是在河西之战后（前121年），西汉王朝取得了对匈奴作战的决定性胜利，匈奴右部浑邪王和休屠王两部落四万部众归降汉朝，汉朝将其安置于鄂尔多斯高原及其邻区，设立五个属国[42]，推行了新型地方民族管理体制——五属国体制。

第三阶段，西汉中后期至东汉，此时匈奴、羌、汉各族居民和睦相处，东汉前期，原居于今大兴安岭的乌桓、鲜卑两族逐渐迁入鄂尔多斯高原，成为该区域民族构成的新成员，其后，鄂尔多斯高原各民族的空间分布呈现交错杂居的格局，民族交流融合达到前所未有的深度和广度。

第四阶段，"三国至东晋时期，鄂尔多斯高原汉族人口不断流散，该区域成为游牧族群占主体的'羌胡'之地""匈奴、鲜卑、乌桓、羌等族继续生活于该区域。至魏晋时期，不断有诸多部族迁入鄂尔多斯高原，其数量之多，是历史上任何时段无法相比的"[43]。

由王兴锋的研究可以发现，自魏晋南北朝时期开始，内蒙古黄河流域各民族相互交流融合的发展趋势已基本形成且势不可挡，各民族杂居错处且互有影响（图6-34），尤其是在日常生产与生活中的相互交流与影响。即使发生矛盾、冲突或征服与被征服，但民族之间碰撞与交融的历时趋势已难以扭转，这在内蒙古黄河流域表现得更为激烈。

图 6-34　北魏灰陶猪（内蒙古博物院供图）

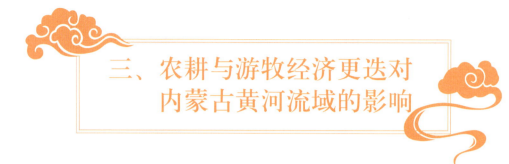

三、农耕与游牧经济更迭对内蒙古黄河流域的影响

相比于畜牧业而言，农业生产对气候条件的要求更加严苛，适宜的气候条件与自然环境是实现农业生产的必要前提。历史上出现的寒暖波动势必影响到中国农业区的分布范围以及农业生产的顺利进行，这在农牧交错带所处的中高纬度地区表现得最为显著。尤其是北半球的中纬度地带（大致是400毫米等降雨线一带，或者说是北方农牧交错带的分布范围）受气候波动的影响更为剧烈，这也深刻影响了生存于这一地域内的人们对农耕与游牧经济的不同抉择（图6-35、图6-36、图6-37）。此外，农耕与游牧经济的不同抉择也影响到内蒙古黄河流域开发利用的程度，更产生了深远的历史影响。

（一）气候波动对农牧业生产的影响

竺可桢先生最早提出了魏晋南北朝时期气候转寒的论断，并指出这一时期中国大陆的平均气温比现在普遍降低了1℃~2℃。[44]虽然此后一些学者也对竺可桢先生的论断产生了怀疑并进行修改补充，但争议也只集中在气温变化的幅度与影响范围方面，此时期气温普遍转寒却是不争的事实。[45]气候波动无疑会对农牧业生产造成严重影响，成为此时期影响内蒙古黄河流域农牧业更迭诸因素中不可忽视的一个。

这一时期北方气候转寒，蒙古草原及蒙汉交界地带部分地区的农业发展因气候波动影响而难以保证稳定的收成，农业生产的最北界逐渐向南移动。北方农业发展的难以维系给内蒙古地区畜牧业兴起于草原、自然环境的恢复提供了有利契机。这一时期，内蒙古地区的自然环境较前代有所改善，被破坏的自然环境有所恢复。魏晋南北朝的蒙古草原地区多被游牧民

图 6-35　北魏铁犁铧（鄂尔多斯博物馆供图）

图 6-36　北魏铁锛（鄂尔多斯博物馆供图）

图 6-37　北魏圆銎铁斧（鄂尔多斯博物馆供图）

图 6-38　北魏双耳镂空圈足铁镬（鄂尔多斯博物馆供图）　图 6-39　北魏铁镬（内蒙古博物院供图）

族所实际控制，农业也被畜牧业所取代，这一时期游牧生产方式的影响范围逐渐扩大，奠定了此时期游牧生产方式繁荣发展的前提条件。

可以确定的是，农耕与游牧政权接触地带及部分草原南缘已垦土地的再度游牧化在东汉后期就已开始出现，根据马大正的考察，到曹魏政权之后，在曹魏并、雍二州之北，即河套及大漠南北（图6-38），已是胡狄的游牧民居住地。原在大鲜卑山（今黑龙江大兴安岭）的鲜卑族拓跋部在这一时期迁徙到了漠南阴山的匈奴

故地（今内蒙古和林格尔）[46]（图6-39）。游牧民族的实际控制区域有所南移，这也为游牧经济影响范围的持续扩大提供了有利契机。王利华指出：魏晋南北朝时，恰逢中原地区混乱，游牧民族得以进入中原腹地，成为当地的主人。又由于游牧民族的进入，中原北部的大量农田成了牧场。[47]游牧民族的南迁，一定程度上减少了草原地区的人口规模与所饲养的牲畜数量，尤其是农业人口的减少有效减缓了蒙古草原的土地垦种、人口定居及草原开发利用的步伐，这为

草原地区自然环境的自我修复提供了有利契机，更为重要的是，草原自然环境的恢复提供了大面积可供游牧的草场，这也为游牧经济的恢复及游牧生产方式的繁荣发展提供了可能（图6-40、图6-41）。

具体说来，鲜卑族逐渐成为这一时期蒙古草原上的实际统治者，许多因秦汉时期移民戍边而被开垦致荒或是其他非合理方式破坏的土地有所恢复，草原植被再一次繁茂地生长起来，大片荒地再次成为可牧牲畜的牧场，游牧经济在这些区域复兴。游牧经济的发展也使生产与生活方式繁荣发展起来（图6-42、图6-43）。至北魏时，蒙古草原的大部分地区出现了繁荣的游牧生产画面（图6-44），

《魏书》记载：

> 定秦陇，以河西水草善，乃以为牧地。畜产滋息，马至二百余万匹，橐驼将半之，牛羊则无数。高祖即位之后，复以河阳为牧场，恒置戎马十万匹，以拟京师军警之备。[48]

由此段记述足可见此时期鲜卑政权控制下，北方草原部分区域出现的畜牧业的恢复与繁荣发展的画面。

至北魏文成帝和平五年（464年）时，今日的内蒙古自治区鄂尔多斯地区出现了极为盛大的畜牧业生产及生活场景。《魏书》记载："五部高车合聚祭天，众至数万。大会，走马杀牲，游绕歌吟忻忻，其俗称自前世以

图 6-40　北朝篆书常平五铢铜钱（鄂尔多斯博物馆供图）

图 6-41　北朝永安五铢（鄂尔多斯博物馆供图）

图 6-42　盛乐古城航空遥感图（内蒙古博物院供图）

图 6-43　光禄大夫刘符亮墓志（内蒙古博物院供图）

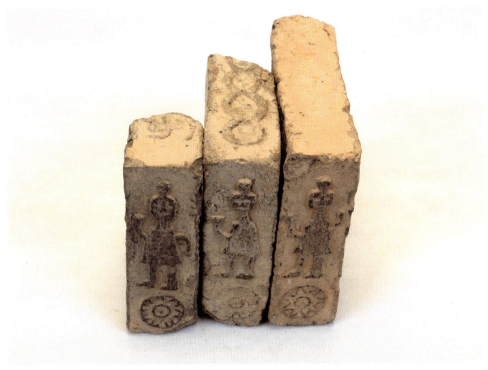

图 6-44　北魏连珠纹墓砖（托克托县博物馆供图）

来无盛于此。"[49]到了夏凤翔元年（413年）[50]，匈奴在今内蒙古鄂尔多斯市乌审旗南的汉代"奢延城"基础上建立了"都统万"（即"统万城"），《太平御览》载，大夏王赫连勃勃登高而望，说道："美哉斯阜，临广泽而带清流，吾行地多矣，未有若斯之美。"可以看出，魏晋南北朝时期的内蒙古中西部地区，尤其是与山陕北部相接壤的鄂尔多斯地区的自然环境已有较好恢复，呈现出草木繁茂之景，并且在此地区再度出现了游牧经济的恢复发展（图6-45）。

根据当代学者的研究，北魏一代从拓跋焘开始，相继平统万、定秦陇以后，划河西为国有牧场，在那里放牧的牲畜数量有了快速增长。据统计，畜马有二百多万匹，骆驼一百多万头，牛羊的头数更是难以计算。从拓跋焘平统万到拓跋宏太和十七年（493年），北魏的国有牧场都在河西一带分布。待北魏迁都洛阳以后，其牧苑中心逐渐南移，并在河阳（今河南孟州市西）一带开辟了一个新的牧场，畜马十万匹，以备京师军警之用。此外，北魏为了进攻南朝，又担

图 6-45　南北朝时期的郭梁墓群（高兴超摄影）

心北方的马匹不适合南方的自然环境与气候条件，因而经常调动河西的马匹先到并州西部和河东的牧苑饲养一段时间，再逐渐南下。就这样，河西、并州西部、河东、河内的许多地方都变成了牛马遍野的牧区。北魏畜牧于今河南北部的区域，尚不只上述河阳一地。在今沁阳以东，延津以西，黄河南北，千里农田都作为牧马之所。[51] 这种情况在《魏书·宇文福传》里有所记述：

也。及从代移杂畜于牧所，福善于将养，并无损耗，高祖嘉之。[52]

引文所述的石济至河内间地在河阳东北，黄河南北千里之地则主要在河北太行山内外。由此可知，当时的华北平原的大部皆为战马、牛、羊的繁息之所，这是拓跋魏在中州黄河南北经营牧场的情形，由此可见北魏时期畜牧业的繁荣发展，尤其是畜牧业分布范围的扩大。不仅如此，拓跋魏的历次出兵是以骑兵为主，铁骑所至不仅能够摧毁汉族的城镇、村庄，更极大地破坏了农田，并长期占据了这些区域，在此影响下，农田变成了牧场，由此，畜牧业自此之后广泛地分布在黄河流域的中上游地区。另外，北魏南下出征时，由于缺少粮草，他们所经过地区的粮秣多被掠夺。

（二）人口因素影响下农牧业的实际情况考察

对于这一时期游牧经济及游牧生产与生活方式影响范围的分布情况，虽然根据吴宏岐的考察，魏晋南北朝时期，陕西北部高原南缘的山脉是天然的农牧分界线，这一分界线的南部地区基本上是农耕区（图6-46—图6-49），而以西、以北部分地区则是游牧地区，这一分布格局维持了

（太和）十七年，车驾南讨，假（宇文福）冠军将军、后军将军。时仍迁洛，敕福检行牧马之所。福规石济（在今河南延津县西）以西、河内（今河南泌阳县）以东，拒黄河南北千里为牧地。事寻施行，今之马场是

图6-46 北魏云纹瓦当（鄂尔多斯博物馆供图）

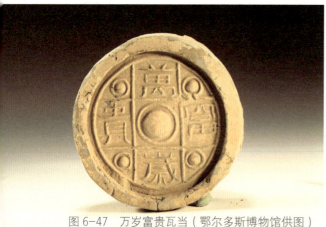

图6-47 万岁富贵瓦当（鄂尔多斯博物馆供图）

图6-48 北魏人面纹（鄂尔多斯博物馆供图）

图6-49 北魏莲花纹瓦当（鄂尔多斯博物馆供图）

很长时间，很少出现大范围的波动。[53]但从游牧民族的实际控制区域不断向南拓展而言，此时期也迎来了游牧民族游牧经济繁荣发展的新阶段，除所饲养牲畜数量有了较大幅度的增长外，游牧经济的范围也迅速扩大至原本的农耕区（图6-50、图6-51）。

再就影响游牧经济繁荣发展的社会因素而言，则是游牧民族控制区域向南的大幅度拓展，扩大了游牧经济的影响范围（图6-52、图6-53）。另一方面，社会文化因素对游牧民族的南迁也有着极大影响（图6-54）。西晋时期，边疆地区出现了新的态势，游牧民族因与汉民族的长期深入接触而趋向中原王朝，最典型的就是北方草原游牧民族因"慕义归化"而大量内迁，这掀起了边疆内外少数民族内迁的高潮。[54]受到自然及社会双重因素的影响，游牧民族的活动区域大范围南移，这为缓解人畜过多的压力及草原生态环境的恢复提供了可能，因而更加有效地拓展了游牧经济的影响区域。

魏晋南北朝时期，虽然游牧经济得以恢复发展，但草原民族对农业的需求仍未断绝，因而鲜卑等草原民族的统治者也注重吸收农业人口为自己所用，并依托这

图 6-50　北魏鎏金凤鸟纹桃形活页铜带饰（鄂尔多斯博物馆供图）

图 6-51　北魏鎏金龙纹铜带饰（鄂尔多斯博物馆供图）

图 6-52　北魏金耳环（鄂尔多斯博物馆供图）　　图 6-53　北魏环耳球形金铃（鄂尔多斯博物馆供图）

图 6-54　玉飞天像（鄂尔多斯博物馆供图）

图 6-55 南北朝海兽纹铜镜（鄂尔多斯博物馆供图）

图 6-56 北魏铭文四神纹铜镜（鄂尔多斯博物馆供图）

图 6-57 北朝四神纹铜镜（鄂尔多斯博物馆供图）

些农业人口在辖地内发展一定程度的农业。随着草原民族将疆域向南持续性拓展，游牧草原地区的农耕土地出现荒废，从事农业的汉族人口数量减少。对此，魏晋南北朝时期的草原游牧民族统治者采取了"广辟塞垣，更招种落"[55]的统治政策，吸收汉族农业人口来此并鼓励土地开垦，这也体现出草原民族对农业仍存在一定需求，并非完全排斥异族及其经济生活方式。对此，祝总斌总结指出：中原王朝接收内迁游牧民族虽有扩充兵员及增加劳动力的目的，但是这也对民族融合（图6-55—图6-57）、经济与文化发展等产生了重要作用（图6-58）。[56]因此，农耕与游牧民族之间的交融（尤其是游牧民族的汉化）必然影响到草原地区经济与社会格局的变动，虽然新的格局形态更倾向于实力强的游牧一方，但草原游牧区的半农业化或倾向于农业化，事实上促进了魏晋南北朝时期内蒙古黄河流域的农业发展（图6-59）。

此外，那些因政治原因而迁入的中原及草原人口除进入都城外，还有部分选择定居在北方草原及农耕与游

图6-58　北魏龙首柄人面足铜鐎斗（乌海博物馆供图）

图 6-59　北魏站立铁牛（鄂尔多斯博物馆供图）

牧政权接触地区，从事农业生产。这些人，包括接受中原农业生产及生活方式的游牧民族及内地外迁的汉人，他们主要分布在农耕与游牧政权的交界地区。就这样，前期以游牧和射猎为主的经济类型，到后期段部、宇文及慕容三部鼎力之时，始从畜牧转化为农业，而且以农业生产为主。这种生产方式的转变无疑是受到边郡原有汉族农民及西晋末年从中原各部迁入的汉民的深远影响。[57] 对大业五年（609年）内蒙古中南部常住户数的统计，可以更加直观地了解这一变化趋势，见表6-3。

表6-3　大业五年（609年）内蒙古中南部部分郡县常居户数统计表

郡　名	户　数	备　注
榆林郡	2330	
五原郡	2330	
盐川郡	2763/3	该郡包括宁夏及陕西一部分，故按1/3计算。
朔方郡	11673/2	该郡一部分位于陕西，因而按照1/2计算。
定襄郡	374	
合　计	11792	

（资料来源：本表格信息根据宋迺工主编：《中国人口·内蒙古分册》，北京：中国财政经济出版社，1987年；魏征：《隋书·地理志》卷二十九及相关内容统计而成。）

由表6-3可见，魏晋南北朝至隋朝初期的内蒙古地区业已存在相当数量的定居人口。因为定居必然导致农业的出现及对自然环境更深入的开发利用，其中以对自然环境的改造性开发利用为多，反之亦然。这也表明农业生产在此时期也有所发展（图6-60）。

受到东汉以来游牧民族对整个北方草原控制逐渐加强的影响，此区域内的农业逐渐衰落下去，从而导致农耕区向南移动，农牧交错带的分布范围也随之发生变化。农牧交错带的南北摆动很大程度上取决于农耕与游牧政权之间政治及军事实力的盛衰变化，从而推动农牧交错带出现空间位移（图6-61、图6-62）。

具体而言，魏晋南北朝的农牧交错带范围波动起始于王莽时期。由于西汉末年整个社会的种种矛盾日益激化，且土地兼并愈演愈烈，国势衰弱之势难以遏制。王莽执政时虽然力图解决诸如土地兼并、流民等关乎国家统治根本的大问题，但他采取的措施非但没能有效缓和国内危机，反而激化了中原王朝同周边部族之间的矛盾，导致周边各游牧民族纷纷崛起并南下侵扰汉王朝。王莽之后，中原大地又经历了赤眉、更始起义以至东汉立国，政权更迭频繁，数十年间都忙于内战，无暇顾及北部边疆安稳。加之东汉时迁都洛阳，远离北边，边境危机对于朝廷安稳不像以前那样重要，这些都导致中原王朝放松了对边地的控制，周边民族趁机内侵。随着北方民族的南下，游牧民族控制区域逐渐向南拓展，农耕人口也随之

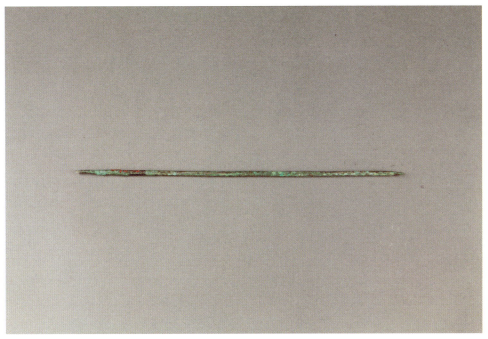

图 6-60 北魏银箍（鄂尔多斯博物馆供图）

图 6-61 北魏 "大员" 铜壶（孔群摄影）

图 6-62 北魏双耳深腹铜鍑（鄂尔多斯博物馆供图）

内迁，至西晋时愈演愈烈。"永嘉之乱"至十六国时期，黄河以北的绝大部分地区几乎都分布着非农耕民族。非农耕民族的南下逐渐改变了所经地区的生产及生活方式，这也导致畜牧区及半农半牧区开始向南、向东大幅度推移，使这一时期农牧交错带范围出现了明显波动。依据历史文献及考古发掘材料所载的各民族分布状况及经济生活方式（图6-63），可以发现此时期农牧交错带的南界自东向西经碣石，至上谷居庸关，折向西南至常山关，沿太行山抵黄河，这条界线以北、以西地区为半农半牧区或畜牧业区，以南、以东为农耕区。[58] 这是对此时期农牧交错带分布范围的粗略描述，但由此可对农牧交错带范围波动进行考察，也可借此对此时期农牧业分布范围与农牧政权的兴衰加以理解。

图6-63 北魏圆形野猪纹金饰片（内蒙古博物院供图）

具体如呼和浩特地区。北魏时，呼和浩特平原是皇帝常去的京畿要地（图6-64），农业得以恢复发展，同时还有大片优良牧场，太武帝拓跋焘又将漠北高车族敕勒部人迁居于此，专事放牧，呼和浩特平原遂得"敕勒川"之美名。大青山的通谷大川，是通往漠北、西去中亚的要道，敕勒川又成为草原丝路的起点（图6-65），盛名流传于整个北方草原地带。北魏六镇起义，政权分立，敕勒川先后为东魏、北齐的领地。[59] 由此可见，正是基于草原游牧民族对于呼和浩特地区的相继控制，从而影响到当地农牧业的不同发展际遇，导致当地成为农牧交错带波动最为显著的边界地区。

此时期北方草原上农牧业经济的盛衰，及气候波动使这一时期内蒙古黄河流域农业生产的衰退受到学界较多关注，已有学者进行了考察。如韩茂莉提出要综合考量气候波动对此时期农牧交错带范围波动的影响，并指出："农牧交错带的推移若以气候变迁为促动因素，气候曲线与人文界线的变动趋势应是一致的，即农牧交错带与等温线有基本一致的走向，假如农牧交错带的变动仅是局部地段的现象，即如上所述各个地段具有不同步性，那么导致变动的决定性因素究竟是什么，就值得探讨了。"魏晋南北朝时期，北燕国主冯跋在大凌河流

图 6-64　牛角金步摇（内蒙古博物院供图）

域推行种植桑柘的政策，并且规定"百姓人植桑一百根，柘二十根"，冯跋作为鲜卑化的汉人，少年就已在塞外生活，他对塞外的生活应是十分了解，所以他推行植桑的政策，应是符合当地气候环境并且能够保持农业生产有所收成的举措。因此，通过这一举措就不能断言这一时期气候转寒波动导致人们将农业生产不断向南收缩，而是同时也会受到社会政治及军事因素的影响。[60] 由韩茂莉所述无疑可以看到，草原民族对于农业的接受及推动发展，导致在此气候波动期内农业生产向北拓展的逆气候规律的现象，从而使农牧交错带范围发生变迁。

图 6-65　北魏东罗马金币（呼和浩特博物馆供图）

注释

［1］　乌日吉图主编：《内蒙古大事记》，呼和浩特：内蒙古人民出版社1997年版，第34页。

［2］　铁弗匈奴原属东汉时期南匈奴的一支，在与南迁的拓跋鲜卑杂居通婚后，逐渐形成号为"铁弗"的匈奴部落。西晋怀帝永嘉三年（309年），铁弗匈奴首领诰升爰去世。其子刘虎代立，统辖铁弗匈奴，居于今山西忻州市北部的云中河流域，即今原平市、代县、五台县一带。永嘉四年（310年），居于今山西忻州北部的铁弗匈奴在刘虎的率领下迁居朔方（今鄂尔多斯高原）。直至东晋安帝义熙三年（407年），赫连勃勃创建大夏政权，朔方地区一直为铁弗匈奴的主要活动区域。需要特别指出的是：铁弗匈奴迁居的朔方，并非两汉时期的朔方郡辖地，而是指"朔方刺史部"区域。（参见王兴锋：《秦汉魏晋时期鄂尔多斯高原民族地理研究》，西安：陕西师范大学2016年博士论文，第161~162页。）

［3］　宋迺工主编：《中国人口·内蒙古分册》，北京：中国财政经济出版社1987年版，第33页。

［4］　王金都：《十六国时期统万城城市防御体系研究》，西安：西北大学2019年硕士论文，第17页。

［5］　马大正主编：《中国边疆经略史》，武汉：武汉大学出版社2013年版（2015年重印版），第101页。

［6］　张久和主编：《内蒙古通史》第一卷《远古至唐代的内蒙古地区》，北京：人民出版社2011年版，第176~177页。

［7］　王兴锋：《秦汉魏晋时期鄂尔多斯高原民族地理研究》，西安：陕西师范大学2016年博士论文，第145页。

［8］　马大正主编：《中国边疆经略史》，武汉：武汉大学出版社2013年版（2015年重印版），第101~102页。

［9］　张久和主编：《内蒙古通史》第一卷《远古至唐代的内蒙古地区》，北京：人民出版社2011年版，第176~177页。

［10］　参见王文楚撰写"乌桓山"条，载郑天挺、谭其骧主编：《中国历史大辞典·历史地理》，上海：上海辞书出版社1996年版，第145页。

［11］　宋迺工主编：《中国人口·内蒙古分册》，北京：中国财政经济出版社1987年版，第34页。

［12］　"乌丸"即"乌桓"，在汉、魏、晋及北魏至唐代的文献中均被写作"乌丸"，但也有部分文献中写作"乌桓"。如《史记·货殖列传》、《汉书·昭帝纪》、《汉书·匈奴传》、《后汉书·帝纪》、《后汉书·乌桓传》及《续汉书》等史书中记为"乌桓"，《汉书·地理志》《三国志·魏志》《晋书·王沈传》等史书中记为"乌丸"。

［13］　马长寿：《乌丸与鲜卑》，上海：上海人民出版社1962年版，第189页。

［14］　张文平、包桂红：《内蒙古魏晋北朝考古综述》，《草原文物》2019年第1期，第17~20页。

[15] 宋迺工主编：《中国人口·内蒙古分册》，北京：中国财政经济出版社 1987 年版，第 32 页。

[16] 高延青主编：《呼和浩特经济史》，北京：华夏出版社 1995 年版，第 49 页。

[17] 张文平、包桂红：《内蒙古魏晋北朝考古综述》，《草原文物》2019 年第 1 期，第 17~20 页。

[18] 马大正主编：《中国边疆经略史》，武汉：武汉大学出版社 2013 年版，第 114 页。

[19] 张文平、包桂红：《内蒙古魏晋北朝考古综述》，《草原文物》2019 年第 1 期，第 17~20 页。

[20] 柔然，又称"蠕蠕"，起源于阴山及河套地区，后退入漠北，西部柔然曾因败于鲜卑而将其部落迁入云中（今托县北部地区），后北魏征讨柔然，归降者达 30 余万，并被北魏置于漠南一带。

[21] 高车：是魏晋南北朝时期北朝人对漠北一部分游牧部落的泛称，因其"车轮高大，辐数至多"而得名，漠北人又称其为"敕勒""铁勒""狄历"等。南朝人则称其为"丁零"。

[22] 由于契丹和库莫奚的活动范围主要是以内蒙古东部地区为主，在此不做赘述。

[23] 张金龙：《北魏政治史二》，兰州：甘肃教育出版社 2008 年版，第 30 页。

[24] 张久和主编：《内蒙古通史》第一卷《远古至唐代的内蒙古地区》，北京：人民出版社 2011 年版，第 177~178 页。

[25] 王会昌：《2000 年来中国北方游牧民族南迁与气候变化》，《地理科学》1996 年第 3 期，第 274~279 页。

[26] 张文平、包桂红：《内蒙古魏晋北朝考古综述》，《草原文物》2019 年第 1 期，第 17~20 页。

[27] 宋迺工主编：《中国人口·内蒙古分册》，北京：中国财政经济出版社 1987 年版，第 34 页。

[28] 张久和主编：《内蒙古通史》第一卷《远古至唐代的内蒙古地区》，北京：人民出版社 2011 年版，第 178 页。

[29] 关于六镇，一般认同清代学者沈垚《六镇释》的考证，由西向东依次为沃野、怀朔、武川、抚冥、柔玄、怀荒六镇。有学者以为，六镇的概念有一个逐步变化的过程。最初的六镇可分为西三镇、东三镇，西三镇由西向东为薄骨律镇、沃野镇、怀朔镇，东三镇由西向东为柔玄镇、怀荒镇、赤城镇。皇兴四年（470 年）女水之战后，在大青山以北的原云中镇辖区新设武川镇、抚冥镇，六镇变为八镇。六镇的得名源于六个军镇，而后则成为漠南军镇的代称。北魏末年，六镇中最东的赤城镇为御夷镇所取代。在长城资源调查中，结合史料记载，有学者对分布于内蒙古地区的沃野、怀朔、武川、抚冥、柔玄等镇的具体治城一一做了考证，沃野镇为巴彦淖尔市乌拉特前旗根子场古城，怀朔镇为包头市固阳县白灵淖城库伦古城，武川镇为包头市达尔罕茂明安联合旗希拉穆仁城库伦古城，抚冥镇为乌兰察布市四子王旗乌兰花土城子古城，柔玄镇为乌兰察布市察右后旗克里孟古城。（参见张文平，包桂红：《内蒙古魏晋北朝考古综述》，《草原文物》2019 年第 1 期，第 17~20 页。）

[30] 沃野镇：最初设置在今巴彦淖尔市磴口县河拐子古城，孝文帝太和十年（486 年）迁至

朔方故城，大致位于今鄂尔多斯市杭锦旗东北部的什拉召一带。至北魏末年，又迁至今巴彦淖尔市乌拉特前旗苏独仑乡根子场古城。

[31] 怀朔镇：旧址在今内蒙古固阳县白灵淖尔乡城库伦古城。

[32] 武川镇：旧址位于今呼和浩特市武川县乌兰不浪土城。

[33] 抚冥镇：旧址位于今四子王旗乌兰花土城子古城。

[34] 柔玄镇：具体地址说法不一，综合起来大致有四种提法：①位于今四子王旗库伦图城卜子古城，②位于今察右中旗塔布胡同古城，③位于今察右后旗白音察干古城，④位于今兴和县台基庙东北一带。

[35] 张文平、包桂红：《内蒙古魏晋北朝考古综述》，《草原文物》2019年第1期，第17~20页。

[36] 张文平、包桂红：《内蒙古魏晋北朝考古综述》，《草原文物》2019年第1期，第17~20页。

[37] 张久和主编：《内蒙古通史》第一卷《远古至唐代的内蒙古地区》，北京：人民出版社2011年版，第178~179页。

[38] 根据张文平等的梳理，北魏长城的主要研究者有李逸友、艾冲等学者，二人观点有所抵牾，但也有共识。二人均同意北魏曾三次修筑长城，分别为泰常八年长城、太平真君七年畿上塞围、太和长堑；艾冲认为太和长堑筑于太和年间（477年—499年），李逸友则具体于太和八年（484年）；二人对于三道长城的具体分布走向也争执不一。在长城资源调查中，以李逸友关于北魏长城的认识为依据，认定了三道北魏长城，分别命名为北魏六镇长城南线、北魏六镇长城北线、太和长堑，并出版了《内蒙古自治区长城资源调查报告·北魏长城卷》。（参见张文平，包桂红：《内蒙古魏晋北朝考古综述》，《草原文物》2019年第1期，第17~20页。）

[39] 内蒙古自治区文化厅（文物局）、内蒙古自治区文物考古研究所编著：《内蒙古自治区长城资源调查报告·北魏长城卷》，北京：文物出版社2014年版，第1页。

[40] 内蒙古自治区文化厅（文物局）、内蒙古自治区文物考古研究所编著：《内蒙古自治区长城资源调查报告·北魏长城卷》，北京：文物出版社2014年版，第6页。

[41] 马长寿：《乌桓与鲜卑》，桂林：广西师范大学出版社2006年版，第14页。

[42] 这五个属国分别是：五原属国（治今内蒙古达拉特旗白泥井镇城圪梁村附近）、西河属国（治今内蒙古准格尔旗暖水镇榆树壕古城）、上郡属国（治今内蒙古乌审旗嘎鲁图镇敖柏淖尔古城）、安定属国（治今宁夏同心县下马关镇红城水村古城）、天水属国（治今甘肃省榆中县金崖乡上古城）。

[43] 王兴锋：《秦汉魏晋时期鄂尔多斯高原民族地理研究》，西安：陕西师范大学2016年博士论文，第171~173页。

[44] 竺可桢：《中国近五千年来气候变迁的初步研究》，《考古学报》1972年第1期，第15~38页。

[45] 王铮、张丕远、周清波在《历史气候变化对中国社会发展的影响——兼论人地关系》(《地

理学报》1996 年第 7 期，第 329~339 页）一文中也指出，魏晋南北朝时期所在的公元280 年左右正在发生一次气候突变，其最主要的特征是降温。

［46］马大正主编：《中国边疆经略史》，武汉：武汉大学出版社 2013 年版，第 102~103 页。

［47］王利华：《中古时期北方地区畜牧业的变动》，《历史研究》2001 年第 4 期，第 33~47 页。

［48］（北齐）魏收：《魏书》卷一百十《食货志》，北京：中华书局 1974 年版，第 2857 页。

［49］（北齐）魏收：《魏书》卷一百零三《高车传》，北京：中华书局 1974 年版，第 2309 页。

［50］公元 413 年（农历癸丑年）：即东晋义熙九年、北魏永兴五年。当年在十六国诸国的年号纪年中，同时还是夏凤翔元年、北燕太平七年、北凉玄始二年、西凉建初九年、南凉嘉平六年和西秦永康二年。

［51］马长寿：《乌桓与鲜卑》，上海：上海人民出版社 1962 年版，第 16 页。

［52］（北齐）魏收：《魏书》卷四十四《宇文福传》，北京：中华书局 1974 年版，第 1000 页。

［53］谭其骧：《长水集》（下册），北京：人民出版社 2011 年版，第 23 页。

［54］马大正主编：《中国边疆经略史》，武汉：武汉大学出版社 2013 年版，第 117 页。

［55］马大正主编：《中国边疆经略史》，武汉：武汉大学出版社 2013 年版，第 118 页。

［56］祝总斌：《评晋武帝的民族政策》，载中国魏晋南北朝史学会编：《魏晋南北朝史研究》，成都：四川省社会科学院出版社 1986 年版，第 183~208 页。

［57］马长寿：《乌桓与鲜卑》，上海：上海人民出版社 1962 年版，第 11 页。

［58］韩茂莉：《中国历史农业地理》（下册），北京：北京大学出版社 2012 年版，第 829~832 页。

［59］高延青主编：《呼和浩特经济史》，北京：华夏出版社 1995 年版，第 49 页。

［60］韩茂莉：《中国历史农业地理》（下册），北京：北京大学出版社 2012 年版，第 832 页。

第七章

隋唐再统一：农业复苏及草原民族与中原王朝的碰撞交融

黄河三盛公水利枢纽（白林云摄影）

绿洲（白林云摄影）

第七章图表索引

"隋唐时期"是对隋朝（581年—618年）和唐朝（618年—907年）两个朝代的合称，两个王朝共历三百二十六年，是中国历史上强盛发展阶段之一。隋唐两朝是经历了东汉末年以来与魏晋南北朝时期将近四百年的纷乱之后，终于出现的两个大一统王朝，尤其是唐朝，存在时间将近三百年，其产生的历史影响更为深远。鼎盛时期隋唐王朝的疆域，如《新唐书·地理志》所载："东至安东，西至安西，南至日南，北至单于府，盖南北如汉之盛，东不及而西过之。"此外，隋唐两朝在政治、经济、文化、军事及科技等方面都达到了历史时期中国前所未有的发展高度，与此同时，这两大王朝也秉持着开放包容的心态同世界其他国家及地区展开了持久且广泛深入的联系，是历史时期中国对外交流的繁盛时期，也产生了深远的世界影响。

隋唐以来（约6世纪末至10世纪初），此前活跃在北方草原上的诸游牧民族也发生了剧烈变化，有的已经衰落，退出了历史舞台，有的则继续发展壮大，在草原上争雄逐霸并建立起新的游牧政权，同时也是影响这一时期中原王朝北部边疆局势的重要力量。在此时期内，北方草原上活跃的主要游牧民族有突厥、回纥、沙陀等，这些草原民族都是以游牧经济为主，其中对内蒙古黄河流域产生过影响的游牧民族则以突厥与回纥最为深远，这两个民族不仅存在时间较长，且建立起了疆域辽阔的政权，契丹、奚、室韦—鞑靼等部落一度臣服于突厥或回纥政权。但是到了唐中期以后，契丹及室韦—鞑靼等草原政权逐渐发展壮大，成为北方草原上新的游牧政权，其控制疆域范围也随之逐渐扩大，直接影响到此时期农牧业在草原上的分布范围与发展状况。

概括言之，隋唐时期的中原王朝相较于北方草原游牧政权而言，势力较为强盛，这也奠定了其对北方草原游牧政权的强烈攻势并将中原王朝的版图大幅度向北拓展，因而此时期的中原王朝也开始对包括内蒙古黄河流域在内的整个北疆进行了较为广泛且持久的开发建设。派遣军队戍边及移民实边无疑还是一个重要手段，无论是戍边军队还是实边的农民，都需要通过在边地发展农业以获取维持生计的给养。加之此时期中国的农业生产条件相对较好，从气候波动的角度而言，隋唐时期结束了东汉魏晋南北朝的气候寒冷期，进入了一个相对温暖的时期，这无疑是有利于在中高纬度地区发展农业生产的。因此，隋唐时期的中原王朝以农业为手段对内蒙古黄河流域进行开发建设，对当地人类社会与自然环境变迁都产生了深远影响。

一、隋唐时期内蒙古黄河流域开发的历史背景

北周大定元年（581年），杨坚代周建立起隋朝，589年，隋又灭陈，完成了统一中原的大业，结束了中国大地上近四百年的纷争。然隋朝国祚短暂，仅存在三十余载便走向灭亡，随后建立的唐朝则存在近三百载，然而这两大王朝却都实现了统一中国的大业。随着大一统中原王朝的建立及与北方草原游牧民族对抗局面的出现，这一时期游牧民族政权的实际控制区域逐渐向北收缩，又恢复到秦汉时期中原王朝与草原政权的疆域状态，甚至突破并超过了秦汉时期中原王朝所能直接控制疆域的最北端（图7-1）。

图 7-1　草原（白林云摄影）

根据王会昌的考察，秦朝控制下的疆域最北端是41°42′N，115°E（上谷郡，今内蒙古锡林郭勒盟太仆寺旗炮台营子），西汉控制下的疆域最北端是41°18′N，115°E（幽州刺史部上谷郡，今河北省张家口市二台东），东汉控制下的疆域最北端是40°56′N，115°E（幽州刺史部上谷郡，今河北省张家口市东北）；到了隋唐时期，隋朝控制下的疆域最北端是44°00′N，115°E（涿郡，今内蒙古锡林郭勒盟阿巴嘎旗南），唐朝控制下的疆域最北端是43°30′N，115°E（河北道妫州，今内蒙古锡林郭勒盟查干诺尔）。[1]由此疆域位置变迁可以发现，隋唐时期中原王朝的实际控制区域较之秦汉时期已大幅度向北拓展，因而从地理区位来看，内蒙古黄河流域在隋唐时期已被纳入统治版图之内，成为中原王朝在北部边疆同草原民族接触的重要前沿阵地，在此区域定居的农业人口逐渐增多，农业生产也再一次恢复并繁盛发展起来（图7-2）。

再从草原游牧政权的角度来看，随着隋唐两个中原王朝的逐渐强盛及

图 7-2　唐天德军节度使——王逆修墓志（内蒙古博物院供图）

疆域范围的不断向北拓展，隋唐时期草原游牧民族的实际控制区域较之魏晋南北朝时期大范围北退，中原王朝将移民及农业生产范围不断向北及西北地区拓展。根据史书的记载，到9世纪时，东起振武军（托克托县），西至中受降城（包头）地区内，"凡六百余里，列栅二十，垦田三千八百余顷，岁收粟二十万石，省度支钱二千余万缗"[2]。由此可见，隋唐以后，蒙古草原南缘的大量土地被辟为耕地，直接影响了草原游牧民族生产及生活活动的分布及影响范围，这些游牧民族除南下内附于中原王朝外，也有部分继续向更北、更西地区迁徙，农业成为这一区域的主要经济类型。农耕民族对内蒙古黄河流域的长期占据，也促进当地人类社会与自然环境开始出现新的发展变化。

隋唐时期出现农业生产范围的大幅度向北拓展，除中原王朝的强盛影响之外，也受到此时期气候波动的影响。应当注意到，魏晋南北朝的寒冷气候结束之后，隋唐时期温暖期接踵而来，黄河流域尤其是中上游流经的今内蒙古区域的温度上升，降水量普遍增加，这对于农业复苏有重要影响。对此，王会昌分析指出："历史发展，包括王朝的兴衰更迭、北方游牧民族的南进北撤等，是多种因素相互影响、综合作用的结果，气候的变化只是诱发因素，只能决定其发展的方式、方向、速度和进程。在历史过程中，应该承认气候—生态—经济—社会的连锁反应或反馈机制对于社会和历史发展的重要影响。"[3]因此，对于隋唐时期内蒙古黄河流域农牧业的兴衰更迭，我们应该全方面、多角度地考察导致出现这一局面的成因。更要注意到，在此时期内，草原民族退出中原，甚至退出内蒙古黄河流经的大部分区域，但黄河流域却成为中原王朝与草原游牧民族之间相互碰撞、相互交流的前沿，相互之间进行着和平友好的经济、文化交流，这也是民族融合的体现。

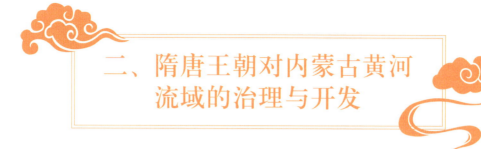

二、隋唐王朝对内蒙古黄河流域的治理与开发

伴随着隋唐时期两个大一统王朝的出现，中原王朝与北方草原游牧民族之间的来往不断，既有战争武力冲突，也有相对和平的政治及经济、文化交流，即在碰撞与交融中相互影响。尤其是到了唐代，效仿秦汉时期的移民实边及屯田等方式北抗突厥等部，这给内蒙古黄河流域的草原自然环境以及农耕与游牧政权交界地带游牧经济的发展造成了一定影响，直接导致游牧经济在此区域衰落或影响范围向西、向北退缩，这也进一步影响到该地区向农牧交错带的方向过渡，并将农牧交错带范围向北拓展，同时也深刻影响到当地自然环境与人类社会的变迁。

（一）隋朝对内蒙古黄河流域的开发

隋朝时，内蒙古黄河流域成为隋朝与突厥部落交锋的主战场，双方之间在此进行了多次军事较量，黄河流经的今日内蒙古的锡林郭勒、巴彦淖尔、乌兰察布、鄂尔多斯等地区至今还保留着当时中原王朝与草原政权碰撞的历史遗迹或文字记载。最终在中原王朝的强盛国力与军事实力下，北方草原民族逐渐处于劣势，便逐渐向以西及以北地区迁徙，隋朝的统治势力进入内蒙古黄河流域及毗邻地区。与此相对应，中原王朝开始向北部疆域派兵戍边，并进行移民与屯田，大业五年（609年）时，鄂尔多斯、河套及土默川三处平均每户约5.17人，总计约有6.1万人，这些被编置在郡县中的定居人口，大部分都是由中原地区外迁至此的以从事农业为主的汉人，有部分是当地汉化了的匈奴、鲜卑及杂胡等草原游牧民族，这些人共同参与对当地的土地开垦与发展建设，体现出这一时期民族之间广泛且深入的交流融合（图7-3）。

　　隋朝成立之前，突厥部就逐渐发展壮大，成为北方草原上最具影响力的游牧民族政权。根据史料所载的突厥历史传说可知，突厥的驻牧地发生过多次变化。根据古籍和碑铭等文献资料的记载，突厥的祖先最早驻牧于平凉一带，439年，北魏灭亡北凉沮渠氏时，突厥受此影响而西迁至高昌（今新疆吐鲁番东南）、北山（今新疆博格多山）一带。到了5世纪中叶，柔然逐渐占据高昌，突厥再次迁徙至金山南麓，成为柔然统治者的"锻奴"。至6世纪初期，柔然部开始衰落，突厥部乘机崛起并发展壮大了自己的势力，这也引起了当时中原王朝（即"西魏"）的注意，在西魏大统十一年（545年），西魏文帝元宝炬派遣酒泉昭武九姓胡安诺槃陀出使突厥，翌年（546年），突厥遣使西魏，由此，突厥部与中原王朝"西魏"正式建立起了关系，开始相互往来（图7-4—图7-7）。

　　此后，突厥部的土门可汗助柔然部平定了铁勒诸部叛乱，降服部众5万余人，自此实力大增。土门可汗因公向柔然求婚，但柔然可汗以突厥部为柔然"锻奴"为理由加以拒绝，土门可汗因之大怒，杀了柔然使者，与柔然公然断交。土门可汗遂转向西魏求婚，大统十七年（551年），土门可汗迎娶西魏长乐公主，突厥与西魏双方交好。同年（551年），魏文帝死，土门可汗遣使祭吊，赠马200匹，由此，突厥与中原王朝之间的往来趋于密切。土门可汗死后，又出现了一位勇敢且多谋、能征善战的木杆可汗，完成了灭亡柔然、西破嚈哒、东服契丹的大业，并与西魏联合出兵攻破吐谷浑，此后北并契骨（黠戛斯），威服塞外诸部，控制了东起辽海（今辽河一带），西至西海（今里海，一说咸海），北至北海（今贝加尔湖），南抵阴山的广大区域，开创了突厥汗国的强盛局面。今日阴山以北的蒙古

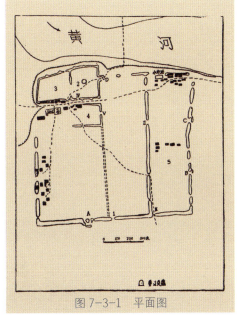

图7-3-1　平面图

图7-3　十二连城城址平面图及地貌（鄂尔多斯博物馆供图）

图 7-3-2 十二连城与墙垣

图 7-3-3 十二连城北墙

图 7-4　唐鎏金圆形铜泡饰（鄂尔多斯博物馆供图）

图 7-5　隋鎏金王字人面纹铜铺首（鄂尔多斯博物馆供图）

图 7-6　唐鎏金虎面形铜饰片（鄂尔多斯博物馆供图）

图 7-7　唐鎏金菱形铜泡饰　（鄂尔多斯博物馆供图）

草原东北为突厥所控制，较之前代草原游牧民族而言，无论是控制疆域范围之广大，还是拥有的人口与财富之多，此时突厥汗国都更胜一筹（图7-8—图7-11）。

再看中原大地，此时期的中原地区正值北周与北齐政权之间相互对峙时期，双方为遏制对方都竭力争取与突厥部的木杆可汗结好，并向突厥部输送财富与利益，木杆可汗由此大获其利，整体实力进一步增强。572年，木杆可汗死，其弟佗钵可汗继位，中原地区的北齐与北周仍在对抗过程中结好突厥而不惜厚输财物，以博突厥部的支持，因而佗钵可汗时，突厥势力进一步强大，控弦达数十万。581年，佗钵可汗死，突厥贵族为了争夺

汗位而掀起了内战，最终导致了东、西突厥的分裂，突厥汗国的大一统自此结束，突厥部的实力也随之衰落，突厥各部落之间相互征伐不断，内部矛盾重重，这也给中原王朝向北拓展疆域及实现对突厥部的征讨提供了有利契机。

因此，隋朝大一统王朝建立后，逐渐开始对突厥部的征讨，在隋开皇三年（583年），大漠南北发生了严重的旱灾与疫灾，人畜大量死亡，隋朝便乘机出兵八路，出塞攻击突厥部，大败突厥。此外，突厥诸部可汗之间在此时期未能团结一致对外，而是各自为政，且各部落之间相互攻击，导致突厥汗国整体实力在混乱中大为削弱，正式分裂为东、西汗国。沙钵略

图7-8　唐骑射鎏金铜饰件（鄂尔多斯博物馆供图）

图 7-9　唐鎏金奔鹿形铜饰件（鄂尔多斯博物馆供图）

图 7-10　唐鎏金奔羊形铜饰片（鄂尔多斯博物馆供图）

图 7-11　唐鎏金奔羊形铜饰片（鄂尔多斯博物馆供图）

图 7-12　沙漠中的绿洲（白林云摄影）

可汗（581年—587年在位，亦称伊利俱卢设莫贺始波罗可汗）迫于形势，遣使向隋朝求和，隋朝允许突厥部南迁至漠南，寄居于白道川（今呼和浩特市西北坝口子村以北），并提供衣物、粮食等生存给养，进一步巩固了隋朝与突厥之间的关系，沙钵略可汗也得有喘息之机，迅速恢复了实力（图7-12）。

到了隋仁寿元年（601年），隋军帮助启民可汗北征，大获全胜，漠北突厥部众多归于启民可汗，启民可汗由此重返北方，统治了东突厥部众（图7-13）。不久，西突厥部大乱，启民可汗又出兵征讨平叛，由此又领有西突厥部的领地。此外，在启民可汗统治时期，东突厥与隋朝往来密切，隋大业三年（607年）正月，启民可汗入隋都长安朝见隋炀帝，609年，启民可汗再次前往东都洛阳朝见了隋炀帝。同年（609年），启民可汗病死，其子咄吉继位为始毕可汗（609年—619年），继续同隋朝之间保持着密切往来，其间也不乏相互通婚及政治、经济与文化等方面的往来（图7-14）。到了615年，始毕可汗因不满隋朝以离间之法削弱突厥的做法，曾于雁门围困隋炀帝，待隋军到来后方始解围，突厥自此不再朝贡于隋朝，双方之间逐渐交恶。隋末中原大乱，突厥部乘机向南拓展领土，内蒙古黄河流域及以南部分地区被突厥占据。[4]

纵观隋朝与突厥汗国之间的关系变化可以发现，隋朝的强盛是使其所能控制之疆域向北拓展的关键所在。隋朝建立之后，尤其是583年隋朝乘突厥内部灾疫出现之机大败突厥后，陆续归附于隋朝的突厥人数逐渐增多，启民可汗原驻于漠北偏东地区，由于他们在混战中失利，得到隋朝支持后迅速壮大。隋朝便将其安置在水草丰美的土默特川平原及毗邻地区，并在此地修筑城池，后来又有一部分

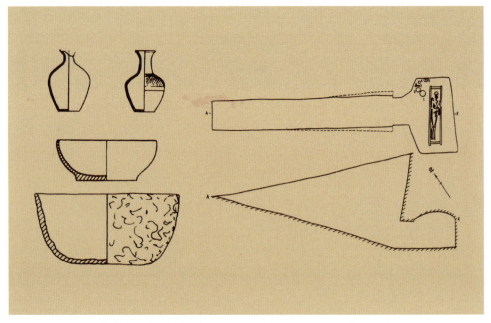

图 7-13　乌审旗出土的隋代墓葬（鄂尔多斯博物馆供图）

图 7-14　唐花瓣形银盘（鄂尔多斯博物馆供图）

人口前往鄂尔多斯地区。启民可汗原有部众约2万户，人口约有10万人。以上人口总计也在16万人以上。[5]与此同时，隋朝也向这些地区迁入一些中原汉人，由此可见，此时期内蒙古黄河流域的农业人口数量有了较大增加，其中有相当一部分是汉化了的草原游牧民族突厥人（图7-15）。因此，隋朝在边地尤其是内蒙古黄河流域进行大规模的移民戍边及屯田，赵仲卿在隋朝进行边地移民及土地开垦过程中发挥了重要作用（图7-16—图7-18），《隋书·赵仲卿传》记载：

赵仲卿，天水陇西人也……开皇三年（583年），突厥犯塞，以行军总管从河间王弘出贺兰山。仲卿别道俱进，无虏而还。复镇平凉，寻拜石州刺史。法令严猛，纤微之失，无所容舍，鞭笞长吏，辄至二百。官人战栗，无敢违犯，盗贼屏息，皆称其能。迁兖州刺史，未之官，拜朔州总管。于时塞北盛兴屯田，仲卿总统之。微有不理者，仲卿辄召主掌，挞其胸背，或解衣倒曳于荆棘中。时人谓之猛兽。事多克济，由是收获岁广，边戍无馈运之忧。[6]

489

图 7-15　唐包金龙形饰件（鄂尔多斯博物馆供图）

图 7-16　唐铁牛（鄂尔多斯博物馆供图）

图 7-17　唐铁狗（鄂尔多斯博物馆供图）

图 7-18　唐铁猪（鄂尔多斯博物馆供图）

图 7-19　唐墓志石盒（鄂尔多斯博物馆供图）

图 7-20　唐代统万城地区出土的塔形罐（鄂尔多斯博物馆供图）

图 7-21　与明长城并行的隋长城，左侧为明长城大边（由西向东）（鄂尔多斯博物馆供图）

由此段记述可见，隋朝的戍边屯田及与突厥部落相比的强盛局面也促进了边地的土地开发，尤其是赵仲卿等官员的严厉推行，促进了当地农业的发展，这也导致游牧民族政权控制疆域及游牧经济影响范围的大幅度北退（图7-19）。

随着这一时期内蒙古黄河流域从事农业生产的人口数量的持续增多及农业生产规模的不断扩大，隋朝也在北方设置了灵武郡、朔方郡、五原郡、榆林郡等，以相应机构管理陕西、宁夏及蒙古草原的大部分地区的定居农业人口与农业生产（图7-20、图7-21），因此，40° N以北的大部分地区（除102° E～106° E为突厥部实际控制）均处于隋朝的实际控制之下，[7]突厥部在与隋朝的接触过程中也逐渐处于弱势并向隋纳贡并进行互市往来，据载：开皇十四年（594年），"突厥部落大人相率遣使贡马万匹，羊二万口，驼、牛各五百头。寻遣使请缘边置市，与中国贸易，诏许之"[8]。由此可见，中原王朝势力的强盛也导致草原游牧民族的内附及游牧经济与游牧生产与生活方式分布范围的逐渐缩小，这也促进了中原王朝对内蒙古黄河流域的开发建设，产生了重要的历史影响（图7-22、图7-23）。

图 7-22　山林纹鎏金饰片（鄂尔多斯博物馆供图）

图 7-23　唐鎏金山水纹铜饰片（鄂尔多斯博物馆供图）

（二）唐朝对内蒙古黄河流域的治理

隋炀帝时期，其本身大肆挥霍、不惜一切代价炫耀自己的地位，迁都至洛阳、开凿大运河、对外开疆拓土及三征高丽等，消耗了大量的人力与财力，给人民带来了沉重的负担，这也直接导致隋炀帝时期民变四起。因而隋朝末年的中原大地上战乱频仍，这也给北方草原上的突厥等游牧政权发展强盛提供了有利契机。如617年，唐高祖李渊于太原起兵时，也曾遣使向始毕可汗请兵帮助其南下灭隋（图7-24）。且双方约定，突厥出兵帮助李渊进入长安后，所有的民众与土地归于李渊，而金银财物则归于始毕可汗。于是始毕可汗便出兵帮助李渊进攻长安，618年，李渊进入长安后，建立了唐朝，始毕可汗遣使入唐，受到李渊的优待，始毕可汗前后受到唐朝的馈赠难以计数，双方之间保持了一段时期的友好交往。[9]但唐与突厥之间的和谐关系却维系时间不长，随着唐朝国力的逐渐恢复并趋向强盛，以及突厥部在边境地区的不断侵扰，双方之间的摩擦此起彼伏，且时有军事冲突发生（图7-25）。

此外，在唐朝初建时，隋末唐初的动乱及李渊为拉拢突厥势力提供的优厚待遇都给突厥等部落的崛起提供了契机，唐朝建立之初的突厥部落，其势力范围可谓是雄踞漠北、控制西域、权倾中原，军事力量强大。其控制区域"威服塞外诸国，其地东自辽海以西，西至西海万余里，南自沙漠，北至北海五六千里，皆属焉"[10]；其实力"控弦数十万，中国惮之，周、齐争结婚姻，倾府藏事之，仍岁给缯絮十万段"[11]；史称"控弦百万，戎狄之盛，近代未之有也"[12]。突厥在与唐朝交好的同时也时常南下侵扰唐朝疆域，如619年，始毕可汗率部众渡过黄河来到夏州，与梁师都兵会合，谋划抄掠，又拨500骑给刘武周，欲侵太原。619年，始毕可汗死，后继者处罗可汗（619年即位）、颉利可汗（620年即位）[13]一再侵扰唐朝沿边各郡，唐朝边境战火不断，遍及今山西、陕西、河北、河南、甘肃、宁夏等地。[14]因此，在颉利可汗时期突厥势力强盛，史称"控弦百万，戎狄之盛，近代未之有也"，正是在此强盛实力的影响下，突厥始终是威胁并干扰着唐朝边疆安稳的重要影响因素。从唐朝方面来看，因初建时的唐朝国力衰微，便不得不向突厥输送大量财富，以求得双方暂时的安定局面。但颉利可汗却未能满足这些既得财富，仍旧连年率军侵扰唐朝边境，有时还逼近唐朝的首都一带，致使唐朝一度出现了迁都的

图 7-24　唐墨书文字方砖（鄂尔多斯博物馆供图）

图 7-25　唐墨玉带（鄂尔多斯博物馆供图）

图 7-26　唐代彩绘马俑（鄂尔多斯博物馆供图）

图 7-27　彩绘骑马俑（鄂尔多斯博物馆供图）

图 7-28　唐陶羊（鄂尔多斯博物馆供图）

议论（图7-26—图7-28）。

　　但随着唐朝大一统局面的出现与整体国力的恢复与逐渐走向繁荣发展阶段，唐太宗时期便开始主动出兵征讨突厥部。唐朝与突厥部的对峙转折点出现在唐武德九年（626年），这一年，颉利可汗率领十余万大军深入长安附近，隔着渭水与唐太宗对阵，但看到唐军镇定自若，军容强大，于是主动遣使请和，颉利可汗与唐太宗在渭水便桥之上结成同盟，而后退军。此后，唐朝便开始对突厥部发起强大攻势，加之此时突厥部落内部矛盾重重[15]，又有重大自然灾害发生[16]，突厥内部反叛者日益增多，且有一些部落或贵族选择南下归附于唐朝，这也极大地削弱了突厥部的实力。唐朝乘此有利时机出兵征讨突厥，于629年，唐朝出兵与薛延陀部南北夹击突厥，取得胜利。630年正月，唐军在白道大破突厥，二月，复于阴山大破突厥，颉利可汗逃至铁山（阴山之北），余部尚有数万人，但颉利可汗请求举国归附于唐朝，唐太宗遣使安抚，但双方并未彻底休战。随后不久，唐军与薛延陀部又突袭颉利可汗，颉利可汗大败，独自乘千里马投奔其从侄沙钵罗部，旋即被俘，[17]东突厥自此灭亡。至此，被称为东突厥前汗国时期，漠北诸部也自此之后开始相继归附于唐朝。[18] 唐朝也因此确立了对内蒙古黄河流域及毗邻地区的实际控制（图7-29）。

再看回纥部[19]与唐朝之间的关系变化。回纥在南北朝时曾是高车（即"铁勒"）诸部之一，文献中也有"袁纥""韦纥"等不同记述，后更名为"回鹘"。隋及唐朝初年，回纥部依附于突厥部并驻牧于色楞格河流域，对突厥时叛时附。630年，回纥与薛延陀助唐共同灭亡了东突厥前汗国，薛延陀以鄂尔浑河为中心建立汗国，回纥首领菩萨则另在南面土拉河畔建立牙帐，自称"颉利发"（意为"首领"），附属于薛延陀汗国，但同样也时常与薛延陀汗国分庭抗礼。646年，回纥助唐灭了薛延陀汗国，又于656年出骑兵5万助唐灭西突厥，回纥随即占据了东、西突厥汗国的故地，实力大增。此后，回纥的几代首领均接受唐朝瀚海都督封号，受唐燕然都护府管辖。此后，骨力裴罗部开始崛起，并于745年杀死突厥的最后一个可汗"白眉可汗"，逐渐征服了临近各部，尽得突厥故地，建立起庞大的政权。其疆域范围，东至呼伦贝尔草原，西及新疆北部，南止长城，北连贝加尔湖，疆域范围极为辽阔，几乎占据了整个北方草原。与此同时，

回纥也是继突厥之后成为北方草原上新的统治者，唐朝封之为"怀仁可汗"（图7-30、图7-31）。自此，回鹘汗国（744年—840年）存在了将近100年，在此期间，回纥也与唐朝之间建立了密切往来，在政治上，回鹘的15世可汗中有11世都接受了唐朝的封号；在经济上，双方之间开展了频繁且数量巨大的绢马贸易，且双方之间频繁进行和亲（图7-32）。[20] 由此可见，回纥与唐朝双方在政治、经济、文化等方方面面都有密切的交流，这也是此时期民族融合的体现（图7-33）。

自此，唐朝将西起阴山、北至大漠的广阔区域都纳入唐朝版图之内，阴山南北及至大漠尽归唐朝所有。唐朝也开始在此地设置羁縻府州加以管治，即在原突厥部设置5府19州。[21] 此后五十余年的时间里，东突厥也归附于唐，唐朝也将归附的10余万突厥人安置在内蒙古黄河流域（主要是在河套以南地区）（图7-34、图7-35），按照突厥原来的部落习俗进行管理。直到7世纪70年代末期，东突厥部又开始掀起了反抗唐朝的浪潮，双方之间时有军事冲突，且互有胜负，但以唐朝取胜为多，直到唐朝末年国家动乱、民变四起导致国力衰微以后，唐朝才逐渐放松了对这一区域突厥部的控制。而突厥部本身在8

图 7-30　唐海兽葡萄纹铜镜（鄂尔多斯博物馆供图）

图 7-31　鸳鸯莲花纹半月形玉饰（内蒙古博物院供图）

图 7-32　门楣图（内蒙古博物院供图）

图 7-33　萨珊王朝画像石刻（内蒙古博物院供图，孔群摄影）

图 7-34 巴格陶利城址（白林云摄影）

世纪初期的二三十年时间里也出现了内乱，最终于745年，逐渐强盛起来的回纥部首领骨力裴罗攻杀了突厥最后一个可汗"白眉可汗"，东突厥自此亡国。回纥建立汗国以来，唐朝的控制疆域仍旧维持着较大规模。回纥部在崛起的过程中就与唐朝取得了联系，回纥在建立汗国以后也与唐朝保持了密切往来。消灭薛延陀与突厥部落后，回纥部的部分部众南下、部分部众西迁，唐朝则在原回纥部设置9府18州。[22] 于是，唐朝在北部边疆的实际控制区域北起安尔加河，东到额尔古纳河，西至巴尔喀什湖，南邻居延泽。[23] 可见，唐朝在回纥政权占据北方草原时，仍旧保持着对这一区域的控制，由此更加奠定了其对内蒙古黄河流域开发利用的基本前提（图7-36）。

综合上述可以发现，隋唐时期中

原王朝的强盛国力导致北方草原游牧民族在与之对抗
过程中多处于劣势，由此奠定了中原王朝版图向北方
持续拓展的前提。在此时期，内蒙古黄河流域也被纳入
中原王朝的直接控制区域之内，从而使农业在此区域内
再一次繁盛发展起来，及以农业人口为主体对边疆进行
了开发建设，进而推动了农牧交错带范围的拓展，缓解
了非合理的土地开发利用所造成的环境问题。

图 7-35　巴格陶利城址地貌（白林云摄影）

图7-36 唐代郎庙城址六胡州丽州治城（白林宏摄影）

三、农业发展与环境问题

根据前述可以发现，唐朝的强盛及实际控制区域向西北及北部地区的有效拓展，为农业经济及农业人口分布范围向北疆地区的扩大提供了可能，这也直接导致游牧经济及游牧生产方式在蒙古草原及毗邻地区分布范围逐渐缩小，其分布范围的南线逐渐向北及西北方向收缩，尤其是在内蒙古黄河流域，农业生产取得了较快发展，同时大批定居农业人口因在此地长期生存而持续进行了大规模的开发建设（图7-37）。

图 7-37　唐陶猪（鄂尔多斯博物馆供图）

（一）农业发展情况

黄河流经奠定了这一区域农业开发的重要自然前提，此外，这一时期黄河中上游地区尚处于未被大规模开发阶段，且秦汉时期非合理开发利用所造成的环境破坏也已基本上恢复。但需要注意到，历史时期黄河后套平原段与现代的黄河后套段最大的不同之处是现代黄河以南河为主河道，隋唐时期黄河是以北河即当今乌加河为主河道。其实在清代道光三十年（1850年）前，黄河后套平原段的主河道一直是北河。但无论南河还是北河，隋唐时期后套平原的黄河河道都与现代黄河河道在具体位置上有所偏移。[24]与此同时，隋唐时期结束了东汉魏晋南北朝时期的气候寒冷期而进入了气候相对温暖时期，气候转暖也为中原农业区分布范围的北拓和西进提供了自然前提。加之此时期隋唐两个大一统国家的出现，中原王朝与北方各草原游牧民族之间的对立与冲突持续，尤其是隋唐两个中原王朝在强盛国力下对内蒙古黄河流域的实际控制，奠定了当地农业生产的必要社会基础。凡上所述种种自然及社会条件的变化，都是促进隋唐时期内蒙古黄河流域农业生产出现繁荣发展的重要前提条件（图7-38）。

在隋朝，隋文帝统一中原前后，包括内蒙古黄河流域在内的北方建置

图 7-38　唐方形石墓志（鄂尔多斯博物馆供图）

已是混乱不堪，出现了州、郡滥置的现象，根据大象二年（580年）的统计，当时有州211个、郡508个、县1124个，这样一来，往往一个郡只能领一两个县，郡也成为多余的行政区，因而隋朝于开皇三年（583年）便下令废除郡，以州直接统治县，改州郡县三级管理体制为州县二级。到了隋炀帝大业三年（607年），又改州为郡，以郡领县。行政建制的变化也体现出中原王朝对北部边地的重视。与此同时，隋朝在前代州郡县的基础上，重新设立了朔方郡（辖境包括鄂尔多斯乌审旗、鄂托克前旗东南部）、盐川郡（辖境包括鄂尔多斯鄂托克前旗大部分）、榆林郡（辖境包括今鄂尔多斯高原的东北部、呼和浩特平原西段）、五原郡（辖境包括今乌加河河套地区）、定襄郡（辖境包括今鄂尔多斯高原东北部及呼和浩特平原）、马邑郡（辖境包括今内蒙古清水河、凉城、丰镇等地及察哈尔右翼前旗和集宁区）、雁门郡（辖境包括今内蒙古兴和县等地）、张掖郡（辖境包括今内蒙古额济纳河流域及巴丹吉林沙漠西段）和武威郡（辖境包括今内蒙古巴丹吉林沙漠南端及腾格里沙漠大部）等。[25]可以发现，隋朝所设置边郡辖境多位于内蒙古黄河流域或毗邻地区，并在这些郡内进行戍边及移民屯田，隋朝鄂尔多斯及其周边地区的人口数量及分布参见表7-1。

表7-1　鄂尔多斯及周边地区隋代人口分布统计表

郡名	户数	人口数（按5人/户计）	县数	区域内县数	每县平均人口	区域内人口
雕阴郡	36018	180090	11	8	16371.8	130974.4
灵武郡	12330	61650	6	2	10275.0	20550.0
朔方郡	11673	58365	3	3	19455.0	58365.0
盐川郡	3763	18815	3	1	6271.7	6271.7
榆林郡	2330	11650	3	3	3883.3	11650.0
五原郡	2330	11650	3	1	3883.3	3883.3
合计	68444	342220	29	18	——	231694.4

（资料来源：何彤慧：《毛乌素沙地历史时期环境变化研究》，兰州大学博士论文，2008年。）

由表7-1所统计数据可以发现，隋朝虽存在时间短暂，但向边地的移民及土地开垦已较成规模，户数将近七万户，人口也超过三十四万，这对内蒙古黄河流域的土地开发与建设产生了重要影响。

到了唐代之后，唐初时因隋末纷乱割据势力在北方广设州县，州县的数量已经倍于隋朝。唐太宗即位之后，为了加强中央集权统治，便注重强化对北部边疆的控制，于贞观元年（627年）开始并省州县，根据山川形式将全国划分为10个道，所设关内道属灵州、盐州、夏州、宥州、胜州，河东道属云内州，陇右道属凉州、甘州、肃州等州，管辖着今日内蒙古的广阔区域。唐中期以后，又出现了节度使[26]的建置，进一步强化了对边疆的管理与控制。[27]在北部边疆相对完善的建置基础上，唐朝也效仿秦汉时期的移民实边与屯田等方式北抗蒙古草原上的突厥等游牧部落，这一时期的戍边及移民屯田也将北方草原上游牧民族不断向西、向北驱赶，同时也将农业的种植区域向北拓展至自然意义上农牧交错带北界或更北地区，在北方草原上尤其是临近长城沿线地区可以普遍发现农业生产与社会生活景象（图7-39）。

与此同时，唐朝控制区域向北大

图 7-39　唐双耳平底铜釜（鄂尔多斯博物馆供图）

幅度拓展，也为大规模的驻兵屯田提供了可能，戍边士兵也是维持边疆安定的重要力量。对《唐六典》记述的有关边地屯垦数据的整理可以发现，唐代各军屯分别为：河东道131屯、关内道258屯、河南道107屯、河西道154屯、陇右道172屯、河北道208屯、剑南道9屯，共计1039屯。[28]而河北道、河东道、关内道及陇右道等区域涵盖了今日内蒙古草原的大部分地区，且是当时农业人口及农业生产的集中分布区。至唐中宗景龙二年（708年），唐王朝朔方大总管张仁愿在阴山以南、黄河以北一线构筑军事设施，修筑了中受降城（故址在今包头市西）、西受降城（故址在今乌拉特中旗乌加河镇北，图7-40）、东受降城（故址在今托克托县南），设置了烽堠1800所，至此，唐王朝重新控制了阴山以南、黄河以北地区，[29]再一次开始对内蒙古黄河流域进行实际控制与开发建设（图7-41）。

受此影响，这一时期内蒙古草原上的总人口及定居农业人口数量都比较多，尤其是在长城沿线等中原王朝设置戍边藩镇地区，定居人口的数量更多，定居聚落的建设规模也日渐扩大。如《中国人口·内蒙古分册》中对天宝元年（742年）内蒙古地区人口数量的统计，参见表7-2。

图7-40 唐代受降城

图7-40-1 遗址地貌（内蒙古博物院供图）

图 7-40-2 位置示意图（包头博物馆供图）

图 7-41 内蒙古河套博物院展厅的唐三受降城场景（白林云摄影）

表7-2 天宝元年（742年）内蒙古地区人口总数统计表

民 族	人口数	说 明
定居者	113000	
突 厥	400000	
室 韦	50000	
契 丹	600000	
奚 族	200000	
霫 族	50000	
阿布思部众及高文简、恩太等部	70000	该三部分，本来有10万多人，但陕西、宁夏还分布了其中的一小部分。
宥州杂胡	50000	
合 计	1533000	

（资料来源：宋迺工主编：《中国人口·内蒙古分册》，北京：中国财政经济出版社，1987年。）

由表7-2可以发现，诸草原游牧民族随着与中原王朝之间交往的不断深入，也逐渐从逐水草而居的游牧走向了定居生活。此外，大量常住人口（尤其是以农业为主的人口）聚居及对自然环境的开发利用，也加剧了当地自然环境的人为压力，定居人口在这些区域戍边屯田也导致此时期蒙古草原自然环境发生变迁，部分地区出现环境恶化。由此可见，隋唐以来，内蒙古的大面积草原被辟为耕地或成为中原王朝的实际占领区，直接影响了游牧经济在当地的存在与发展，并直接导致当地环境恶化的出现（图7-42）。

隋唐王朝的强盛也引起了部分草原游牧民族入塞或在原驻地发展农业，蒙古草原南缘地区农业因之有了较快发展，此区域内人口聚居开始大量出现，表7-2所统计诸民族定居人口数据就是较好的证据。如隋朝时，隋文帝仁寿元年（601年），漠北9万人南下附隋，投归启民可汗，霫、奚等部也摆脱了达头可汗的统治，转附启民可汗。于是，东突厥贵族以今日呼和浩特平原为中心，控制着内蒙古黄河流域的大部分区域，这也表明此地区归属于隋朝疆域（图7-43）。[30]

此外，在内蒙古黄河流域所流经

图 7-42　唐三彩鸟（鄂尔多斯博物馆供图）

图 7-43　唐"开元通宝"铜钱（鄂尔多斯博物馆供图）

的河套地区，原来没有固定住地的游牧民族迁徙靠近或进入唐朝境内之后，往往缘边定居，开发了陇右、河东、河北诸道的北部地区，形成了一些半农半牧区（图7-44）。唐政府为了改变初期缺马严重的局面，鼓励塞外内迁的移民养马放牧，经过上百年的艰苦努力，发展了以陇右牧群为骨干的巨大牧场群，分布在西北方的巨大环形区域，当时"西起陇右、金城、平凉、天水，外暨河曲之野，内则岐、邠、泾、宁，东接银夏，又东至楼烦，此唐养马之地也"。不仅黄河河套地区建立起了群牧，甚至在关中渭北设沙苑监牧（今陕西大荔），据统计，天宝末唐有70个以上的牧监，麟德时全国有马70.6万匹，开元元年（713年）降为24万匹，开元十九年（731年）又上升为44万匹。天宝十三年（754年），陇右群牧都使奏有马、牛、驼、羊共60多万，其中马32.57万匹，牛7.5万余头，羊24.4万余只，驼563头。这个数字仅是陇右一地，还不包括私人畜牧业。因此，唐代畜牧业的兴盛，离不开境外移民和各民族内迁定居的移民，他们往往以饲养牲畜为主，或充当官营牧监的杂户、番户等色役者，或充当军队中的牧人、饲丁以及驿丁、健儿等，成为唐代畜牧业最主要的劳动者，是推动唐代北方经济发展的一

个重要因素（图7-45、图7-46）。[31]

在此时期，突厥是典型的游牧部落，以游牧经济及狩猎为业，衣皮革、食畜肉、饮湩酪，过着逐水草而居的游牧生活。突厥人善于骑射，其所饲养之马擅长奔跑，能够较好地配合狩猎与作战使用，手工业则多与畜牧、狩猎和军事相关，包括冶铁、铸铜、纺织、皮革及造纸等行业，能够制造精良的角弓、鸣镝（响箭）、甲、矟（长矛）、刀、剑等兵器和布匹、鱼胶等用具和用品。随着突厥与中原农业地区接触的不断增多，他们也经常性地用畜产品、狩猎品同中原地区交换农作物、籽种、农业器具等。[32]这也表明突厥人开始接受中原汉族的农业生产及生活方式，突厥人对于农业生产工具、籽种的需求也表明本民族农业有所发展，逐渐摆脱了对游牧经济的单纯依赖（图7-47、图7-48）。

具体如唐贞观四年（630年），东突厥汗国瓦解，10余万突厥人投降唐朝，唐太宗本着"全其部落，不革其俗"的管治原则，将这些人安置在今内蒙古鄂尔多斯等地区，特设大量羁縻州[33]府对其进行治理。唐朝在北方各民族集聚区内设置大量羁縻州府，进行民族地区管理的做法，是前代所没有的，这一举措也几乎使整个内蒙古地区都归附于唐朝的统治之

图 7-44　绿釉魂塔（内蒙古博物院供图）

图 7-45　库思老一世银币（内蒙古博物院供图）

图 7-46　镶玛瑙鸟纹金戒指（内蒙古博物院供图）

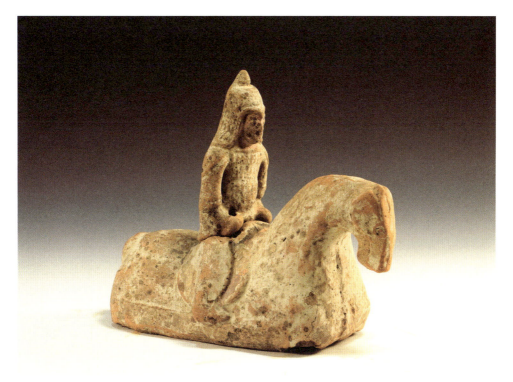

图 7-47 陶骑士俑（鄂尔多斯博物馆供图）

图 7-48 唐彩陶牛俑（鄂尔多斯博物馆供图）

图 7-49　十二生肖陶俑（鄂尔多斯博物馆供图）

图 7-50　唐羊俑（鄂尔多斯博物馆供图）

下，对于形成唐代内蒙古地区相对安定和谐的社会局面功不可没，又如麟德间（664年—665年），浑和斛薛"万余帐"移入河套地区（图7-49、图7-50）。至天宝初年，后突厥汗国大乱，九姓首领阿布思、默啜孙勃德支特勒等率万余帐归附，也被安置在今内蒙古鄂尔多斯地区。[34]又如唐玄宗开元三年（715年），唐王朝将安北都护府由云中城（今托克托县境内）移至中受降城（今包头市西），置兵屯垦。9世纪初，东起振武军（唐朝方镇名，治所在今托克托县南），

西至中受降城，凡600里，列棚20，垦田3800余顷。至唐王朝中期，振武军及天德军（治所在今乌拉特前旗东北）的良田广袤千里。[35]到了开元二十六年（738年），置宥州延恩、怀德和归仁三县（均在鄂尔多斯地区）以安置之；党项拓跋部在归降唐朝后东迁至鄂尔多斯平夏地区。据统计，天宝元年（742年）时，内蒙古地区常住人口约11.3万，基本上分布在今内蒙古鄂尔多斯、河套及土默川三地（图7-51）。[36]羁縻州府的设置，促使当地政治、经济及文化等诸多方面取得

图 7-51　唐符文黑陶盆（鄂尔多斯博物馆供图）

图 7-52　唐太宗贞观之治（鄂尔多斯博物馆供图）

了较快的发展，也对后代历史产生了深远影响（图7-52）。

以上所述，都体现出此时期的草原游牧民族纷纷内附唐朝或与唐朝建立起较为密切的往来关系，这也表明这些游牧民族已逐渐接受农业并在一定程度上将农业引入本族内部的经济生活之中，这也是此时期农业在整个北方草原取得较快发展的关键所在。农业发展也是对当地自然环境的人为改造，并导致当地自然环境发生变迁，并形成了新的景观格局（图7-53）。赵学智对此考察指出："隋唐时期，统治者对于河套平原十分关注，将其视为与北方游牧民族交往的

图 7-53-2 东墙

图 7-53 唐代宥州古城（白林云摄影）

图 7-53-1 坡墙

图 7-53-3 南瓮城

图 7-54　毛乌素沙地一（白林云摄影）

第一线。隋唐政府在此设置郡县，安置移民，推行屯田，以保证当地军民的粮食供应。大量移民的涌入，提高了当地农业技术水平。农业开发改变了河套平原的自然面貌。农田与水利工程成为河套平原上显著的人工景观。隋唐时期在河套平原也安置了一些游牧部族，除少部分从事农耕，大部分还是在河套平原的草原从事游牧。唐后期，河套平原战争频仍，农田遭到废弃。废弃的农田逐渐沙化。广阔的草原也由于放牧的强度过大，出现沙化的迹象。尤其是河套平原的西部，沙漠化较为明显（图7-54）。"[37]由赵学智所述可以发现，以农业为手段对自然环境进行改造性利用，且非合理的开发行为使当地环境严重恶化，直接导致出现了荒漠化。

从自然环境与气候条件的角度来

图 7-55　鎏金铜人物纹花贴（鄂尔多斯博物馆供图）

说，此时期内蒙古黄河流域的土地并非都是可被开垦利用的，或者说，仍有部分地区的自然条件是难以长时段维系农业生产的。根据史念海先生的考察，在唐代，鄂尔多斯高原仍是游牧区，而河套平原及西秦岭以南（今天甘肃东南部）等地区是农牧均宜的，然而受到各政权势力强弱的影响，时常出现波动（图7-55、图7-56）。大体的区域分布是东南部

图 7-56　唐鎏金铜花鸟纹贴花（鄂尔多斯博物馆供图）

更宜于农耕，而西北部则更适宜游牧。[38]然而当时的人们并未有如此科学的认知，移民及土地开垦也多是根据政治需要进行或任意而为的，这一地区未能按照自然环境及气候特征而开展人类社会的各项活动，这不仅仅是对当地自然环境的破坏并由此而造成诸多环境问题，同时也影响到游牧经济的利用及分布范围，并直接导致游牧经济在隋唐时期内蒙古黄河流域出现衰落。受此非合理的土地开发利用的影响，至8世纪末9世纪初期，鄂尔多斯地区自然环境已发生明显恶化，唐人沈亚之对此记述道："夏之为郡，南走雍千五十里，涉流沙以阻河，地当朔方，名其郡曰朔方。其四时之辰，夭暑而延冬，其人毅，其风烈，其气威而厉……夏之属土，广长几千里，皆流沙。"[39]可见，隋唐时期鄂尔多斯地区的自然环境已出现了明显的恶化，土地沙化情况也已较为严重（图7-57）。

史念海先生对隋唐时期内蒙古黄河流域的农业生产与环境变迁做了较为深入的考察研究，并指出：鄂尔多斯高原（即秦汉以后）再度被大量开垦成为农田，乃在隋唐时代。但由于隋代历年短促，主要的农牧业生产变更应在唐代。隋代及唐代前期皆实行府兵制度，驻军于征战戍守之外，兼须就地垦种。因而到了唐朝后期，鄂

尔多斯高原的自然环境逐渐显出新的变迁。由于吐蕃的强大，党项族被压迫，迁徙到鄂尔多斯高原的南部，主要分布在夏州境内外。党项族本居于甘肃南部洮河岷山间，也无农事操作的风气。到了鄂尔多斯高原之后，仍

图7-57　毛乌素沙地二（白林云摄影）

然从事游牧业。党项族至拓跋思恭时，以据有夏州，成为唐朝的节度使。其后裔就以此为基础，建立了西夏政权。不可否认，西夏的统治区域中杂有大量的汉族，因而也有农业的存在。西夏模仿唐朝故事，于其境内设立了若干州，可是鄂尔多斯高原竟然无所设立。这已可明显看出，鄂尔多斯高原这时已经没有什么农业了。[40]这段有关唐后期鄂尔多斯已无农业的论述虽然有些绝对，但此时期鄂尔多斯地区农业衰落也是无可争议

图 7-58　毛乌素沙地三（白林云摄影）

图 7-59 五代十国十二生肖纹铭文石墓志（鄂尔多斯博物馆供图）

的事实，遍阅各类史料也难以寻觅此时期有关鄂尔多斯地区农业生产的相关信息。此后经历了唐末五代、两宋及金、元等朝代更迭，此时期的鄂尔多斯地区多被游牧民族实际控制，故而直到清朝建立以前，鄂尔多斯地区都未出现过较成规模的农业生产，但自隋唐以来形成的沙漠也未能恢复成草原存在下来，成为隋唐以来鄂尔多斯地区环境景观的重要组成部分之一（图7-58）。

需要注意的是，到了唐朝后期，由于内蒙古黄河流域的大部分地区再一次被游牧民族实际控制，畜牧业也随之成为主要经济类型，当地农业生产逐渐萎缩，那些因为非合理开发利用而被破坏的自然环境虽未完全恢复，但有部分好转（图7-59、图

7-60）。但也有部分沙化了的自然环境一直到宋代还持续存在。如元丰七年（1084年），"横山一带两不耕地，无不膏腴，过此即沙碛不毛"之地。[41]沙漠环境进一步扩大，成为不毛之地，此时期靠近山西横山与鄂尔多斯高原交界地带都存在连片的沙漠（图7-61）。至元祐七年（1092年），"横山之北，沙漠隔限"[42]，此即今日的毛乌素沙漠。对于宋代毛乌素沙漠，沈括曾记述道："予常过无定河，度活沙，人马履之，百步之外皆动，颠颠然如人行幕上，其下足处虽甚坚，若遇其一陷，则人马驼车，应时皆没，至有数百人平陷无子遗者，或谓此即流沙也。"[43]当时毛乌素沙漠的沙化程度已经相当严重，但此时期环境恶化也主要出现在鄂尔

多斯的部分地区，相比于清代以来尤其是近代以来的严重沙漠化而言，当时的沙漠面积仍比较小（图7-62）。

与此同时，那些荒废了的边镇聚落也成为隋唐以来内蒙古黄河流域自然环境恶化的一种表现形态，这在中华人民共和国成立以来的考古工作中也有所揭示。根据宋国栋等的梳理，中华人民共和国成立以来，内蒙古地区隋唐城址的考古发掘研究工作最早始于呼和浩特"美岱"古城与和

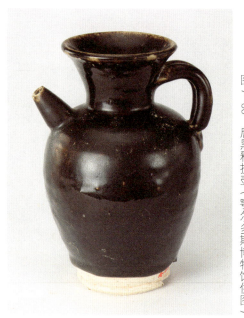

图7-60 唐黑釉执壶（鄂尔多斯博物馆供图）

图 7-61　毛乌素沙漠（白林云摄影）

图 7-62　乌兰道崩古城（鄂尔多斯博物馆供图）

林格尔县"土城子"古城。1959年，内蒙古自治区文物工作队发掘"美岱"古城，在外城东北部发现了唐代城址的遗迹。1960年，内蒙古自治区文物工作队等单位联合对和林格尔"土城子"古城进行了勘探和试掘，在北城发现了北朝晚期及隋唐以后的文化堆积。2018年6月，内蒙古自治区文物考古研究所对巴彦淖尔市乌拉特中旗"新忽热"古城的东城门、东瓮城门以及城内一处建筑基址进行了发掘，发掘者认为该城为唐代"横塞军城"的遗址。除上述考古发掘工作之外，考古工作者还调查了许多隋唐城址。1957年，张郁调查了察右中旗"园子山"古城，推测此应为唐代城址。1963年，李逸友和李作智对准格尔旗"十二连城"古城及其东约9公里的"天顺圪梁"古城进行了考察，李作智认为"十二连城"古城为隋唐胜州及州治榆林县所在地，李逸友认为"天顺圪梁"古城当为"唐河滨县"城址。同年，张郁先生调查了鄂托克前旗"大池"古城及"巴拉庙"古城，认为"大池"古城为唐代盐州所属的白池县，"巴拉庙"古城为唐代兰池都督府的治所。李逸友先生调查了位于托克托古城内西北部的"大皇城"，将其考订为张仁愿所筑的"东受降城"。1982年，刘幻真调查发现包头市南郊"敖陶窑子"古城，将其

确认为"中受降城"，后来又将城北部的"凸"字形建筑台基考证为"唐拂云祠"，但陈凌对此说持反对意见。1994年，内蒙古自治区文物考古研究所发掘了包头市土默特右旗"水涧沟门"唐代边堡遗址外围的一处区域，出土了板瓦、筒瓦及少量陶片。[44]

由上述学术梳理可以发现，隋唐时期中原王朝在内蒙古黄河流域的长期占据及较为广泛的治理开发，导致当地出现了较为丰富的历史文化遗迹，这在今人考古发掘成果中也有所体现，也成为研究隋唐时期内蒙古黄河流域历史文化的重要参照，目前的考古发掘已经取得了较为丰硕的成果，但仍有待进一步研究。此外，在这些城市聚落遗址周围也发现了隋唐时期的墓葬，主要是集中在内蒙古黄河流域，根据宋国栋等的梳理，目前已发掘的隋唐时期内蒙古黄河流域的墓葬分布地域及相关信息参见表7-3。

表7-3 隋唐时期内蒙古黄河流域墓葬考古发掘情况一览表

发掘地	发掘时间	具体地点	发掘者	发掘内容	墓葬特点及历史价值
和林格尔	1960年	和林格尔县土城子古城外围墓地，位于和林格尔县土城子古城北约二百米处	内蒙古自治区文物工作队	发掘了11座晚唐时期砖室墓，其中10座为圆形砖室。墓室北部均有砖砌棺床，墓室内有砖砌仿木结构，墓壁绘有壁画	和林格尔土城子周围发现的唐墓可分为砖室墓和土洞墓两大类，数量上以土洞墓居多。砖室墓多为合葬墓，土洞墓以单人葬为主，以木棺为葬具，葬式多见仰身直肢葬。随葬器物主要有塔形器、陶罐、陶盆、白瓷碗、瓷钵、白瓷香炉、瓷盏、双系瓷罐、铜镜、铜带饰、铜钗、铜镊、铜钱、铁剪、铁刀、骨梳、贝壳等，部分墓葬出有墓志，志文内容进一步证实土城子古城即为唐之单于大都护府
	1988年	和林格尔土城子古城西南15公里的舍必崖乡大梁村	孙建华等	唐元和二年（807年）李氏墓	
	1994年	和林格尔县土城子古城西南约1.5公里的南园子墓葬	魏坚等	墓室为砖券圆形仿木结构穹庐顶，出土的塔形器、凤首瓶非常精美，发掘者认为墓葬年代为晚唐至五代时期	
	1997年—2005年	和林格尔土城子古城外围墓葬	内蒙古自治区文物考古研究所	进行了9次勘探和发掘，发掘唐墓186座	
	1998年—2012年	在大红城乡榆树梁行政村	内蒙古自治区文物考古研究所	在鸡鸣驿遗址发掘唐墓6座，分为土洞墓和竖穴土坑墓两种，无葬具，有单人葬和双人合葬两种埋葬形式，随葬器物有塔形器、双耳陶罐、白瓷碗、铜带扣、铜镜、铁马镫、铁镞、铁刀等	
	2010年—2014年		内蒙古自治区文物考古研究所	发掘唐墓37座	

续表

发掘地	发掘时间	具体地点	发掘者	发掘内容	墓葬特点及历史价值
鄂托克前旗	1963年	鄂托克前旗二道川乡大池村	张郁	发掘了3座唐代的方形砖室墓	
巴彦淖尔市	1976年	乌拉特前旗额尔登宝拉格乡赛胡同大队	张郁	发掘了唐长庆三年（823年）王逆修墓，出土墓志为探寻唐天德军城具体位置提供了重要线索	
乌审旗	1993年	乌审旗纳林河乡张冯畔村郭梁社	魏坚	2座隋墓和12座唐墓。这批墓葬均为带斜坡墓道土洞墓，墓道西北向。隋墓出土遗物有陶壶、陶钵、残铁器、五铢铜钱等。唐墓中部分墓带天井，有单人、双人或三人合葬三种埋葬形式，葬式分仰身直肢和俯身直肢。随葬遗物有陶罐、陶壶、瓷碗、泥俑、铁鐎斗、铁剪、铁刀、漆器、铜镜、钱币及贝壳等	唐墓中出土墓志两方，分别为开元二十三年（735年）李操墓志及元和年间麻令昇墓志，志文内容进一步明确了统万城即为唐代夏州治所朔方县。在统万城周围的乌审旗纳林河乡发现的隋唐时期墓志中还有梁师都永隆二年（681年）梁明达、万岁通天元年（696年）徐买、万岁通天元年（696年）武征、久视元年（700年）梁才、景云元年（710年）刘保、贞元二十一年（805年）王忠亲、大和五年（831年）高谅、咸通九年（868年）臧允恭等墓志
	1998年			在乌审旗征集到唐天宝十年（751年）权崇墓志	

续表

发掘地	发掘时间	具体地点	发掘者	发掘内容	墓葬特点及历史价值
准格尔旗	2015年—2016年	准格尔旗十二连城古城城南	蒙古自治区文物考古研究所	发掘砖室墓20座。墓葬坐北朝南，墓道为斜坡形，墓葬结构可分甲字形墓、船形墓、主室一侧建有侧室墓、墓道一侧建有侧室墓四类。单人葬、双人葬、三人葬、四人葬皆有发现。大多数墓葬已被盗，出土遗物主要有陶碗、陶壶、陶俑、泥俑、瓷瓶、漆盘、漆碗、漆盒、铜镜、铜带饰、铜锁、铜项饰、铜钱、铁锅、铁剪、铁刀、石像生、石砚台、石球、镇墓石、蚌壳等	出土墓志12方，可辨认身份信息的有8方，皆为颍川陈氏家族成员，其中年代最早的是开元元年（713年），最晚的是开元廿七年（739年）。此外，十二连城古城附近出土的墓志还有开元十九年（731年）姜义贞墓志、准格尔旗博物馆藏开元廿四年（736年）刘揩墓志、托县博物馆藏开元九年（721年）白休徽墓志等。十二连城古城周边墓葬为研究唐代胜州社会历史、颍川陈氏的迁徙流布及葬俗葬制提供了重要的考古资料

（资料来源：宋国栋，曹鹏：《内蒙古隋唐考古综述》，《草原文物》2019年第1期，第21~25页。）

　　由表7-3所整理目前考古已发现的隋唐墓葬信息及地域分布情况可以发现（图7-63），内蒙古黄河流域尤其是土默特川平原与鄂尔多斯地区是当时墓葬的集中分布区，大量墓葬的存在及出土器物也表明隋唐时期在内蒙古黄河流域演绎的农耕与游牧文明互动下的新内容（图7-64—图7-68）。尤其是墓葬中出土的壁画，一定程度上真实再现了当时生活在这一地区诸民族的生产与生活场景，隋唐时期的墓葬壁画至今已有一千四百多年的历

图 7-63　郭梁唐代墓地墓葬出土的墓志铭盖、墓志铭（鄂尔多斯博物馆供图）

图 7-64　唐三彩戴帽陶俑（鄂尔多斯博物馆供图）

图 7-65　唐三彩执剑人物俑（鄂尔多斯博物馆供图）

图 7-66 唐代骆驼俑（鄂尔多斯博物馆供图）

图 7-67　唐代陶俑（鄂尔多斯博物馆供图）

图 7-68　唐代陶俑（鄂尔多斯博物馆供图）

图 7-69 五代锄禾图（呼和浩特市清水河县塔尔梁墓葬出土，内蒙古博物院供图）

图 7-70 五代商旅图（呼和浩特市清水河县塔尔梁墓葬出土，内蒙古博物院供图）

史，能够保存至今显得更加珍贵，无论是在考古学还是历史学及艺术学等学科的研究中都具有重要的历史意义（图7-69、图7-70）。

在蒙古草原南缘地区建立城市及聚落也是唐代防御北方草原游牧民族南下侵扰的一大重要举措，隋朝防御突厥南下侵扰的主要工程措施是修筑长城，但是这些长城的工程多很粗糙，炫耀武力的色彩大于实际的防御功能。唐一代，面对的北方草原上的游牧民族势力，主要包括东北部的奚族、契丹，北部的突厥、回鹘，唐代一改隋朝时期的边防政策，不再大肆修筑长城，而是大力修筑边城，包括边州内州县级行政城市和军镇守捉城等，同时在一些边城之间发展了完善的烽燧传递制度。但位于今内蒙古境内的边城，并不是很多，如准格尔旗"十二连城"五座古城遗址中的一号、五号，阿拉善盟额济纳旗"马圈"古城等也是此时期修筑的边城。唐朝在北边边城的军事设施较前代更为完备，具体表现是：有的军城的规模大于州城的规模，在边城增设羊马城、壅门、瓮城、月城以及角楼、马面、陷马坑等军事防御设施。此外，边城还担负着屯田聚粮的职责，以逸待劳，从而达到御敌的目的。[45]因此，隋唐时期内蒙古中南部地区的大量聚居人口的出现及城市的形成是导致这一时期游牧经济影响范围缩小的重要社会因素。从地理区位来看，这一时期40° N以北的大部分地区成为唐朝的实际控制区域，这也直接影响游牧经济的分布范围（图7-71、图7-72）。

图 7-71 唐三彩三足瓷盂（鄂尔多斯博物馆供图）

图 7-72 唐绿釉花口瓷瓶（鄂尔多斯博物馆供图）

注释

［1］ 作者根据谭其骧主编《中国历史地图集》（北京：地图出版社 1982 年版）所绘制的历代行政区划沿革情况，对于秦汉至隋唐时期北方草原游牧民族政权控制疆域的南北波动进一步解释说道：秦汉时期，北方草原上的游牧民族匈奴政权处于奴隶社会发展阶段，它的南方屹立着封建农业文明大国。虽然匈奴政权时时侵扰秦汉王朝北疆，但秦将蒙恬和汉将卫青、霍去病等驰骋大漠，追歼犯境铁骑，自此而后，游牧民族和农耕政权两个世界的界线基本上维持在长城一带。到了魏晋南北朝时期，匈奴、鲜卑、羯、氐和羌五族纷纷内迁，晋室偏安江南，内迁的草原各族则割占中原，相互混战，黄河流域出现了"五胡十六国"的纷乱局面。前秦疆域南界推进到淮河一线（32° 18′ N）。到南北朝后期，北齐政权的南界甚至扩展到长江岸边（30° 24′ N），中国历史上出现了第一次南北"画江而治"的政治格局。但到了隋唐时期，随着中原王朝大一统局面的出现，国家实力逐渐强盛，将疆域版图不断向西、向北拓展，再一次将内蒙古黄河流域及以北地区纳入版图之内。（参见王会昌：《2000 年来中国北方游牧民族南迁与气候变化》，《地理科学》1996 年第 3 期，第 274~279 页。）

［2］ （北宋）欧阳修等：《新唐书》卷五十四《食货志》，北京：中华书局 1975 年版，第1373 页。

［3］ 王会昌：《2000 年来中国北方游牧民族南迁与气候变化》，《地理科学》1996 年第 3 期，第 274~279 页。

［4］ 张久和主编：《内蒙古通史》第一卷《远古至唐代的内蒙古地区》，北京：人民出版社 2011 年版，第 182~185 页。以上数段有关突厥部兴起、发展及与隋朝之间的关系变化均引自《内蒙古通史》，在此特别说明。

［5］ 宋迺工主编：《中国人口·内蒙古分册》，北京：中国财政经济出版社 1987 年版，第35~36 页。

［6］ （唐）魏征等：《隋书》卷七十四《赵仲卿传》，北京：中华书局 1973 年版，第1696 页。

［7］ 谭其骧主编：《中国历史地图集：隋·唐·五代十国时期》，北京：中国地图出版社1982 年版，第 3~4 页。

［8］ （唐）魏征等：《隋书》卷八十四《北狄传》，北京：中华书局 1973 年版，第 1871 页。

［9］ 张久和主编：《内蒙古通史》第一卷《远古至唐代的内蒙古地区》，北京：人民出版社 2011 年版，第 185 页。

［10］ （唐）杜佑：《通典》卷一百九十七《边防十三·北狄四·突厥上》，王文锦、王永兴、刘俊文等点校，北京：中华书局 1988 年版，第 5404 页。

［11］ （唐）杜佑：《通典》卷一百九十七《边防十三·北狄四·突厥上》，王文锦、王永兴、刘俊文等点校，北京：中华书局 1988 年版，第 5406 页。

［12］（唐）杜佑：《通典》卷一百九十七《边防十三·北狄四·突厥上》，王文锦、王永兴、刘俊文等点校，北京：中华书局1988年版，第5407页。

［13］颉利可汗：为启民可汗的第三子，名咄苾，初为莫贺咄设，驻牧于五原以北，620年，处罗可汗死，隋义成公主废其子而立其弟咄苾，是为颉利可汗，颉利可汗复娶义成公主。

［14］张久和主编：《内蒙古通史》第一卷《远古至唐代的内蒙古地区》，北京：人民出版社2011年版，第185页。

［15］据史料所载，此时突厥内部因颉利可汗连年出兵发动战争，内外不堪其杂税重赋，属部纷纷起来意图脱离突厥控制，如627年，突厥东边属部奚、霫等数十部落叛离突厥，归附于唐朝。此外，颉利可汗治国理政时注重利用胡人，这也导致其对本族人的疏远，使部人离心反叛，其统治危机四伏。

［16］颉利可汗时期，突厥领域内连年大雪，雪厚多达数尺，六畜多被冻死，人民大饥，而颉利可汗却仍旧注重敛财，最终导致内外各部纷纷反叛，并有一些部落归附于唐朝。

［17］颉利可汗被俘后，旋即被送往唐都长安居住，唐朝为其设馆封官，赐予田宅，颉利可汗的生活十分优渥，但颉利可汗却郁郁寡欢，时常与家人相对悲歌而泣，于贞观八年（634年）病死，唐朝依照突厥习俗将其埋葬。

［18］张久和主编：《内蒙古通史》第一卷《远古至唐代的内蒙古地区》，北京：人民出版社2011年版，第185~186页。

［19］回纥部由9个氏族组成，通常被称为"内九姓"或"内九族"，分别是：药罗葛（是组成回纥部的核心部落，可汗多出自这一部落）、胡咄葛、咄罗葛、貊歌息讫、阿勿嘀、葛萨、斛嗢素、药勿葛、奚耶勿。此后，又有铁勒的8个部落加入回纥部落联盟——及仆骨、浑、拔野古、同罗、思结、契苾、拔悉密及葛逻禄等，这些部落与居首的回纥部被称为"外九部"或"九姓铁勒"。

［20］张久和主编：《内蒙古通史》第一卷《远古至唐代的内蒙古地区》，北京：人民出版社2011年版，第191页。

［21］5府19州：定襄都督府，领阿德、执失、苏农、拔延4州；云中都督府，领舍利、阿史那、绰州、思壁、白登5州；桑乾都督府，领郁射、执失、卑失、叱略4州；呼延都督府，领贺鲁、葛逻、蔺跌3州；坚毗都督府；新黎州、浑河州和狼山州。

［22］9府18州：燕然州、鸡鹿州、鸡田州、东皋兰州、烛龙州、燕山州；达浑都督府，领姑衍、步讫、嵯弹、鹘州、低粟5州；安化州都督府；宁朔州都督府；仆固州都督府；榆溪州、寘颜州、居延州、稽落州、舍吾州、浚稽州、仙萼州；瀚海都督府；金微都督府；幽陵都督府；龟林都督府；坚昆都督府。

［23］马大正主编：《中国边疆经略史》，武汉：武汉大学出版社2013年版，第178~179页。

［24］赵学智：《隋唐两宋时期河套平原政治地理格局与自然环境研究》，西安：陕西师范大学2011年硕士论文，第43~44页。

［25］张久和主编：《内蒙古通史》第一卷《远古至唐代的内蒙古地区》，北京：人民出版社2011年版，第208~209页。［关于州郡建制，可参考《中国行政区划通史（隋代卷）》和《中国行政区划通史（唐代卷）》。］

［26］本文选取朔方节度使加以介绍：朔方节度使，抵御北方各族，于玄宗开元九年（721年）设置，治所选址于灵州回乐县（今宁夏灵武县西南），领单于都护府［高宗麟德元年（664年），改云中都护府为单于都护府，领金河县，户2155，人口6877，选址于今和林格尔县土城子古城］，灵、盐、夏、胜、丰等州，振武等七军府，西受降城、东受降城，经略、丰安、定远等军，辖区包括内蒙古鄂尔多斯高原、巴彦淖尔高原南部及呼和浩特平原一带。

［27］张久和主编：《内蒙古通史》第一卷《远古至唐代的内蒙古地区》，北京：人民出版社2011年版，第211~214页。

［28］参见［日］玉井是博：《南宋本大唐六典校勘记》，载《支那社会经济史研究》，岩波书店昭和十七年版，第512页。转引自马大正主编：《中国边疆经略史》，武汉：武汉大学出版社2013年版，第214~215页。

［29］乌日吉图主编：《内蒙古大事记》，呼和浩特：内蒙古人民出版社1997年版，第43页。

［30］乌日吉图主编：《内蒙古大事记》，呼和浩特：内蒙古人民出版社1997年版，第36~37页。

［31］葛承雍：《唐代移民与社会变迁特征》，《中国经济史研究》2000年第4期，第49~56页。

［32］张久和主编：《内蒙古通史》第一卷《远古至唐代的内蒙古地区》，北京：人民出版社2011年版，第188~189页。

［33］羁縻州：唐朝初年，对于那些依附于唐朝的北方草原各民族，唐朝政府依据其部落列置府州，推行一种特殊的行政区划，大一些的被称为都督府，小一些的被称为州，总称为"羁縻州"，这些建置内的都督、刺史等官员，由朝廷任命各族的首领担任，也可以世袭。羁縻州在行政上隶属于边州都督府、都护府或者边州。唐朝在内蒙古黄河流域设置的羁縻州包括：位于鄂尔多斯高原南端的以党项部设置的兰池、永平、清宁等都督府，隶属灵州都督府；在乌兰察布、巴彦淖尔和阿拉善东端的以突厥部设置的云中、桑乾、呼延等都督府，隶属单于都督府。

［34］宋迺工主编：《中国人口·内蒙古分册》，北京：中国财政经济出版社1987年版，第37页。

［35］乌日吉图主编：《内蒙古大事记》，呼和浩特：内蒙古人民出版社1997年版，第43~44页。

［36］宋迺工主编：《中国人口·内蒙古分册》，北京：中国财政经济出版社1987年版，第37页。

［37］赵学智：《隋唐两宋时期河套平原政治地理格局与自然环境研究》，西安：陕西师范大学2011年硕士论文，第50页。

［38］史念海：《河山集》（第六集），太原：山西人民出版社1997年版，第400页。

［39］（唐）沈亚之：《夏平》，载（清）董诰等：《全唐文》（第八册）卷七百三十七，北京：中华书局1983年版，第7612~7613页。

［40］史念海：《黄土高原历史地理研究》，郑州：黄河水利出版社 2001 年版，第 420~423 页。

［41］（南宋）李焘：《续资治通鉴长编》（第二十四册）卷三百四十七《起神宗元丰七年六月尽其月》，上海师范大学古籍整理研究所、华东师范大学古籍研究所点校，北京：中华书局 1995 年版，第 8337 页。

［42］（南宋）李焘：《续资治通鉴长编》（第三十一册）卷四百六十九《起哲宗元祐七年正月尽其月》，上海师范大学古籍整理研究所、华东师范大学古籍研究所点校，北京：中华书局 1995 年版，第 11212 页。

［43］（北宋）沈括：《梦溪笔谈》卷三，第五十二条，北京：中华书局 1959 年版，第 128 页。

［44］宋国栋、曹鹏：《内蒙古隋唐考古综述》，《草原文物》2019 年第 1 期，第 21~25 页。

［45］张久和主编：《内蒙古通史》第一卷《远古至唐代的内蒙古地区》，北京：人民出版社 2011 年版，第 454~456 页。

第八章

辽与西夏金：草原民族对内蒙古黄河流域的开发

西夏王陵夯筑的墙基（吕林天摄影）

西夏王陵（白林云摄影）

内蒙古草原（白林云摄影）

第八章图表索引

唐哀帝天祐四年（907年），朱温代唐立国，自立为帝，建立了后梁政权，唐朝自此覆灭，中国历史进入五代十国时期。后周显德七年（960年），后周大将赵匡胤发动"陈桥兵变"（或称为"陈桥驿兵变"），取代周朝，建立宋朝（史称"北宋"），又于乾德元年（963年）至开宝八年（975年）的十余年间，先后灭掉荆南、南唐等政权，最后于太平兴国四年（979年）灭北汉，完成了统一中原的大业，开启了北宋统治时代。北宋至南宋的三百余年，是中原王朝实际控制疆域范围逐步缩小、北方及东北地区诸民族政权不断崛起并南下侵扰的重要时期，同时也是中原王朝在与北方各草原游牧民族对立冲突中处于明显弱势的历史时期，包括内蒙古黄河流域在内的整个北方草原多被草原民族相继控制，农业生产受到极大冲击并渐趋衰落，游牧经济再度复苏，这对当地自然环境的恢复产生了积极的历史影响，并进一步影响到此时期农牧交错带的发展变迁。

唐朝覆灭以后，辽、西夏与金等政权在内蒙古黄河流域都进行过统治。辽、西夏与金时期（时间跨度为10世纪初期至13世纪30年代），是北方草原游牧民族与中原农耕民族历史发展的全新阶段。这段时期持续了约三百四十年，在此时期内，基本上结束了以前相对单一的农耕民族与游牧民族之间政治上阶段性强烈对抗的历史格局，呈现出农耕与游牧民族之间相互影响、相互包容、相互濡染的历史环境。正是从契丹人开始，其所建立的辽国政权，打破了此前中国农耕文明与草原文明之间分野的地理标志，将传统的"行国随畜体制"与中原王朝的"城国体制"结合在一起，使秦汉以来修筑的长城成为辽国境内的一道独特风景，不再是隔绝中原王朝与北方草原游牧民族之间交往的地理障碍，并奠定了此后北方草原上金与蒙古国的发展繁荣，尤其是到了元代，蒙古族建立起了疆域面积广阔的游牧民族国家政权。

在此时期内，契丹政权自五代十国时期以来，几乎控制着内蒙古黄河流域的全部区域，尤其是河套地区尽在契丹人的掌控之下。到了北宋时期，契丹人建立的辽政权控制区域开始向以东及以北地区扩展，兴起的党项人建立的西夏政权控制了内蒙古黄河流域的西部区域，但此时黄河流经的土默特川平原及以东地区仍在契丹人的控制之下，因而此时期的内蒙古黄河流域分处于不同政权治下，应区别对待。到了南宋时期，西夏政权仍然控制着内蒙古黄河流域的中西部区域，原本由契丹人控制的以东区域逐渐被后起的金政权所控制，由此形成了新的势力分布格局。

一、辽政权对内蒙古黄河流域的治理与开发

辽政权（907年—1125年）是中国在五代十国及宋代时以契丹族为主体建立的一个新的草原民族政权，在中国北疆（即今内蒙古自治区的大部）进行了长达二三百年的统治，辽政权的建立者契丹人本属游牧民族，但建立起辽政权后，辽朝的皇帝在统治疆域内使农牧业共同发展，此外，还吸收了渤海国、五代、西夏及西域各国的先进文明，有效地促进了本民族的政治、经济及文化等诸多方面的繁荣发展，对于内蒙古黄河流域的占据与开发建设也产生了深远的历史影响（图8-1）。

图 8-1 白塔子古城址（内蒙古博物院供图）

（一）契丹族的崛起与辽国建立

契丹，源于东胡族系，为东部鲜卑宇文部的后裔，最早的契丹部是与库莫奚部以"世同部落"的方式生活在一起，公元4世纪末期，由于遭到来自漠南草原拓跋鲜卑部的侵扰，契丹遂与库莫奚部开始分离，并逐渐发展成为一支相对独立的部落组织。到了5世纪初期的时候，契丹部落已经先后同拓跋鲜卑部建立的北魏王朝、柔然人建立的柔然汗国以及东北地区的高句丽政权等都建立起了比较密切的政治、经济、文化等方面的联系。契丹部落的部族社会也因之得到了快速发展，成为东北地区不容忽视的重要部

落集团之一，但尚未强大到能够与中原王朝或突厥等部落相抗衡。6世纪时，由于突厥汗国的崛起和北方草原政治局面的不断变化，契丹部落先后沦为突厥与隋朝的附庸。到了7世纪初期，契丹部落成为唐朝羁縻政策下设立的部属，遵从唐王朝的统治，也要接受唐王朝的调遣。直到9世纪中期，契丹社会内部纷乱迭起，但随着迭剌部（即耶律阿保机家族）的逐渐崛起，契丹政权随之逐渐走向强盛，并形成了以耶律阿保机家族为核心的契丹政治统治模式。[1]耶律阿保机家族也成为推动契丹政权走向繁荣鼎盛发展阶段的主要推动者，尤其是耶律阿保机本人及其后继者，成为辽政权的建立者与将辽政权推向繁盛阶段的主要历史人物（图8-2）。

自唐代以来，契丹族由一个部落逐渐建立政权的发展与崛起历史进程中，耶律阿保机[2]对契丹部早期完成统一与逐渐走向强盛发挥了重要历史作用。但耶律阿保机家族同样也经历了较为波折的发展历程，在耶律阿保机出生之前，其家族曾遭遇过一次毁灭性的灾难，《辽史》记载：

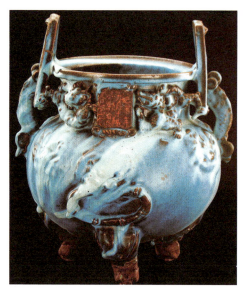

图8-2 白塔出土的均窑香炉（内蒙古博物院供图）

玄祖（即辽太祖的祖父匀德实）简献皇后（即辽太祖的祖母）萧氏，小字月里朵。玄祖为狠德所害，后婺居，恐不免，命四子往依邻家耶律台

图 8-3 辽代墓葬壁画（内蒙古博物院供图）

押，乃获安。太祖生，后以骨相异常，惧有阴图害者，鞠之别帐。[3]

此段资料记述了辽玄祖匀德实被害事件，这件事给耶律阿保机家族造成了致命性的伤害，辽玄祖作为耶律阿保机家族之主，其遇害对于整个家族而言无疑是一次致命性打击。辽玄祖去世后，耶律阿保机的祖母带着4个孩子与家人等被迫离开自己的牧地，来到突吕不部人耶律台押家躲避狠德同党的追杀。由于家族之间的内斗，耶律阿保机的童年是在动乱与恐慌之中度过的。

当然，童年的不幸遭遇与艰苦的成长环境也塑造了耶律阿保机的刚勇沉着、机智聪达，这也是其在长大成人之后成为一代帝王的重要经历。907年，耶律阿保机成为契丹部落联盟的

图8-4 辽白釉刻花龟形穿带扁壶（呼和浩特博物馆供图）

首领。916年，耶律阿保机正式建立年号，并建国号为"契丹"，定都于上京临潢府（今内蒙古赤峰市巴林左旗南波罗城）（图8-3）。947年，辽太宗率军南下攻打中原地区，长驱直入，攻占了汴京（今河南开封），耶律德光于汴京正式登基称帝，改国号为"大辽"，改年号为"大同"。983年，复更名为"大契丹"。1007年，辽圣宗迁都中京大定府（今内蒙古赤峰市宁城县）。1066年，辽道宗耶律洪基复国号"辽"（图8-4）。1125年，辽国被金朝所灭。由此观之，契丹从兴起到建立政权及逐渐走向覆灭经历了数百年的历史，在这数百年里，对包括内蒙古黄河流域在内的整个中国北方历史发展产生了深远影响，更是对两宋政权的北部边疆安稳带来了严重威胁（图8-5、图8-6）。

在契丹族崛起与政权的建立过程中，"契丹四楼"发挥了重要历史作用，"契丹四楼"是契丹政权初建立时的重要机构，也是促使契丹政权实现从汗国向专制政权过渡的关键所在，尤其是对辽国的建立发挥了关键作用。据与辽史相关资料的记载，耶律阿保机夺取契丹可汗的位子后，不仅依靠传统的管理方式宣布族属为"第十帐"，并建立了自己的"宫分"，同时也明确了"宫分"所囊括的地域范围，即"又于木叶山置楼，谓之南

图 8-5 辽绿釉瓷鸡冠壶（鄂尔多斯博物馆供图）

图 8-6 辽白釉葫芦形瓷瓶（鄂尔多斯博物馆供图）

图 8-7 赤峰市宝山辽墓壁画《寄锦图》（内蒙古博物院供图）

楼；大部落东一千里，谓之东楼；大部落西三百里置楼，谓之北楼；大部落之内置楼谓之西楼"，史称"契丹四楼"。[4]此四楼具体位置如《辽史》所载：

辽有四楼，在上京者曰西楼；木叶山曰南楼；龙化州曰东楼；唐州曰北楼。岁时游猎，常在四楼间。[5]

四楼实际上是构成辽太祖早期的四个"斡鲁朵"，是耶律阿保机掌握政权时代，他本人及其直系亲属集团拥有的私有财产，这也是当时契丹社会内部私有化发展的直接产物。耶律阿保机也是通过获得绝对多的牧场、土地、牲畜和人口及其社会财富，才将契丹政权逐渐纳入专制体制与集权政治并行的轨道上来，这也是耶律阿保机化国为家的具体体现。[6]《辽史》也载：太祖"岁时游猎，常在四楼间"[7]。由此，"契丹四楼"不单单是一种国家政治管理体制，更带有浓厚的家族私产的色彩（图8-7）。

辽朝建立政权后，在其庞大的统治疆域内，采取"因俗而治"的治国方针，将国家统治区域划分为几个比较大的行政管理区划，主要分为如下几类：

第一类型，是以南京道、西京道全部以及东京、中京二道的部分区域，构成一个相对完善的农业生产区域，农耕经济是这个区域内的主要类型。

第二类型，是以上京道的大部分地区和中京道、西京道的部分地区为主构成的一个契丹腹地游牧业生产区域，畜养业经济形式始终是契丹腹地的经济类型。

第三类型，是以东京道东部边缘及其以东以南周边地区为主构成的比较粗放的农耕经济生产形式与牧业经济形式共同兼容的典型经济生产区域。

第四类型，是以上京道东北部至北部地区广泛分布的室韦、阻卜部落为主构成的纯粹游牧业经济区域，生活在这里的民族人口主要是蒙古族的前身，即室韦—鞑靼人，他们广泛地分布在漠北草原地带。

第五类型，就是《辽史》里面所

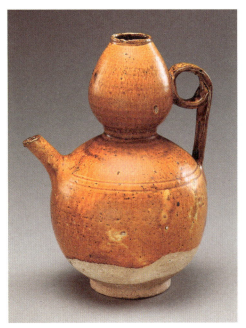

图 8-9　辽黄釉葫芦形执壶（乌海博物馆供图）

记载的"属国"，它们包括了漠北草原地带的一些强大的部落集团。同时，这类"属国"也包括诸如高丽、西夏、高昌回鹘等，已被纳入契丹辽朝的属国之列。[8]

无疑，内蒙古黄河流域从行政区划上属于辽政权的西京道辖区内，而此区域又是以农业生产为主，同时又有一定畜牧业的区域，这也体现出辽政权统治者对农业文明的接受与发展，同时也推动了此时期农牧交错带的变迁（图8-8、图8-9）。

西京道辖区内位于内蒙古黄河流域的建置情况如任爱君整理，如下：

西京道治西京大同府（今山西大同

图 8-8　辽白釉双耳瓷壶（鄂尔多斯博物馆供图）

图 8-10 辽狩猎图（乌海博物馆供图）

市），所辖州县位于内蒙古黄河流域及邻近地区者有丰州天德军（今内蒙古呼和浩特市东白塔子古城），云内州开远军（今内蒙古土默特左旗）、天德军（今内蒙古乌拉特前旗），宁边州镇西军（今内蒙古呼和浩特市清水河县窑沟乡下城湾古城址），金肃州（今内蒙古鄂尔多斯市准格尔旗西北），东胜州武兴军（今内蒙古托克托县东沙岗子古城址）、河清军（今内蒙古鄂尔多斯市北部地区），净州（今内蒙古四子王旗西北地区）。[9]辽政权在这些地区的行政建制一方面加强了对内蒙古黄河流域的政治统治，另一方面为这些地区的开发建设提供了官方引领，尤其

是官方支持并组织推行的以农业为手段的开发策略，进一步推动了当地的农业生产发展（图8-10）。

（二）辽政权控制下的农业开发

辽朝建政历时二百余年（907年—1125年），统治区域内采取双轨制的建设并长期推行，辽朝疆域从太祖耶律阿保机、太宗耶律德光时期基本奠定，中期经过世宗耶律阮、穆宗耶律璟、景宗耶律贤和圣宗耶律隆绪等几朝的发展，版图基本奠定，政权逐渐稳定并渐趋强盛。据《辽史》所载，辽朝最盛时的版图，"东自海，西至流沙，北绝大漠"，以今日地理区位范围考察，则东部到达今日霍次克海、日本海和渤海，靠北包括今日外兴安岭以北、叶尼塞河上游及其支流安加拉河流域和勒拿河上游地区，西抵阿尔泰山以西的沙漠地区，南部接近河北和山西两省中部。[10] 因此，辽政权全盛时期的疆域几乎横亘中国40° N~50° N，80° E~140° E之间的广阔区域。由此可见，辽政权所控制疆域基本上囊括了今日内蒙古地区的疆域范围，甚至更广，自然也囊括了内蒙古黄河流域。由于契丹族建立的辽政权统治疆域包括内蒙古黄河流域在内的北方草原大部分区域，且统治时间较长，其社会生活状态如《辽史·食货志》所载："其富以马，其强以兵。"[11] 由此可见此时期辽政权控制疆域内的社会形态也以游牧 社会形态为主（图8-11）。

根据吴松弟的统计，辽代全盛时

图8-11 辽黑釉单耳瓷壶（鄂尔多斯博物馆供图）

期的人口数据为：户口数141万户、人口数901.5万人，全盛时期大致为辽天祚帝（12世纪初）时。[12] 到了辽代末期，虽然受到战乱影响人口大量死亡，辽朝疆域内的人口数量有所减少，但是整个辽政权控制区域内的人口数量也将近四百万。[13] 因此，终辽一代，其疆域内的人口数量都比较多，辽政权内部人口族群构成及族种分布可参见表8-1。

表8-1 辽末时期辽政权疆域范围内总人口数量推测统计表

民　族	丁　数	户　数	人口数
契　丹	300000	150000	750000
渤海人以外的藩部	80000	40000	200000
汉　人	960000	480000	2400000
渤海人	18000	90000	450000
总　计	1520000	760000	3800000

（资料来源：韩茂莉：《草原与田园——辽金时期西辽河流域农牧业与环境》，北京：生活·读书·新知三联书店，2006年，第115页。）

表8-1是对整个辽政权控制疆域内人口丁数、户数及人口总数的粗略统计，通过这样一组数据的对比可以发现，辽政权控制疆域内的汉族人口所占比重约达到63.2%，汉族人口数量的增加也表明辽政权对中原农业人口的接受。且除去渤海人及渤海人以外藩部人口，其余人口约占到83%，且这些人口中的大部分是生活在今日内蒙古地区。因此，这一时期内蒙古地区的人口数量急剧增长，尤其是农业人口增加显著，甚至超过了辽政权主体民族契丹人的人口数量（图8-12）。

辽政权控制疆域内的农业人口中，有相当一部分（尤其是生活在靠近长城一带）是由于唐朝晚期中原地区藩镇割据，兵祸不断，城池村寨屡遭破坏，人民流离失所，最终逃亡向北迁徙来到这里的，如幽州与涿州等地人口，就是受到刘仁恭父子的残暴统治而不得已向北迁徙。与此同时，耶律阿保机乘机南下攻占城池并掳掠汉人，同时也有当地汉人不堪残暴统治而向北逃亡契丹境内，且契丹贵族乐意接收这些逃亡的农业人口在本地发展农业，这也促进了契丹境内的农业发展及经济、文化繁荣（图8-13），《新五代史》记载：

阿保机，亦不知其何部人也，为人多智勇而善骑射。是时，刘守光暴虐，幽、涿之人多亡入契丹。阿保机乘间入塞，攻陷城邑，俘其人民，依唐州县置城以居之。汉人教阿保机曰："中国之王无代立者。"由是阿保机益以威制诸部而不肯代。其立九年，诸部以其久不代，共责诮之。阿保机不得已，传其旗鼓，而谓诸部曰："吾立九年，所得汉人多矣，吾欲自为一部以治汉城，可乎？"诸部许之。汉城在炭山东南滦河上，有盐铁之利，乃后魏滑盐县也。其地可植五谷，阿保机率汉人耕种，为治城郭邑屋廛市如幽州制度，汉人安之，不复思归。[14]

由此段记述可以发现，耶律阿保机大肆掳掠中原农耕人口，又如神册六年（921年）十一月，辽政权"分兵略檀、顺、安远、三河、良乡、望都、潞、满城、遂城等十余城，俘其民徙内地（即契丹境内）"[15]。同年（921年）十二月，耶律阿保机又"诏徙檀、顺民（实）于东平、沈州"[16]。天赞三年（924年），耶律阿保机再一次"遣兵略地燕南……徙蓟州民实辽州地"[17]。辽太宗天显十一年（937年），发动了覆灭唐王朝的战役，一次俘获了唐将张敬达部众十余万人、赵德钧部及赵延寿部兵马5万余。[18]经过辽初几代君主组织多次南下掳掠农业人口，辽政权境内的人口数量尤其是农业人口数量有了较

图 8-12　辽上京皇城内清理的塔基遗址（内蒙古博物院供图）

图 8-13　淤泥滩古城址（内蒙古博物院供图）

图 8-14-1

图 8-14-2

图 8-14-3

图 8-14-4

图 8-14　辽摩羯纹金花银盘（鄂尔多斯博物馆供图）

快增长，并且成为此地区开发建设的主要力量。

可以发现，耶律阿保机时期几乎每次出兵中原都要掠夺大量农业人口，其后继者更是继承了南下掳掠汉族人口的做法，对于后代辽君主南下掳掠汉族人口的次数及掳掠人口的数量，在此不做具体梳理。但由此也可以发现，由于契丹政权对农业人口及农业发展的重视，大批掠夺来的农业人口促进了本地尤其是今日内蒙古东部地区的农业开发，并为以后经营与开发内蒙古黄河流域的土地提供了人力资源与技术经验（图8-14）。除了通过战争手段掠夺的农业人口之外，还有主动依附或投降过来的中原农业人口。《内蒙古通史》对此总结梳理道：辽政权建立早期，分布在其境内的中原人口，大致可以划分为三大类：一是在契丹建国前后主动归附的部分中原人口，例如在契丹辽朝影响深远的韩延徽家族、王郁家族和刘承嗣家族等。二是在大规模战争中掳掠来的中原人口，例如韩知古家族、王继忠家族和石重贵家族等。三是中原地区缘边州郡的降户，例如赵延寿家族、赵思温家族等。其中，后两类人口，占据了契丹社会内部所有汉族人口的绝大多数（图8-15）。[19]

契丹族本是游牧民族，后来由于吸收了中原汉族农业人口的农耕技术与经验，同时为了保持民族性，辽政权统治阶层将疆域内的游牧民族与农耕民族分开管理，主张因俗而治，并开创出两院制的政治管理体制。而契丹辽朝的基本政治体制就是建立在这两种基本经济形态之上的。而辽朝的五京道，基本上代表了契丹辽朝的基本统治区域。据史料记载，契丹辽朝在其基本统治区域之内，从中央到地方普遍设立了两套平行的行政管理系统，即著名的"南、北面官制

图8-15　辽"大康年造"铜权（鄂尔多斯博物馆供图）

图 8-16　万部华严经塔（白林云摄影）

图8-17　辽三彩印花长盘（内蒙古博物院供图）

度"（图8-16）。《辽史·百官志》记载：

契丹旧俗，事简职专，官制朴实，不以名乱之，其兴也勃焉。太祖神册六年，诏正班爵。至于太宗，兼制中国，官分南、北，以国制治契丹，以汉制待汉人。国制简朴，汉制则沿名之风固存也。辽国官制，分北、南院。北面治宫帐、部族、属国之政，南面治汉人州县、租赋、军马之事。因俗而治，得其宜矣。[20]

由此段记述可知，南北面官制度是辽政权的特有统治模式，也是受到农耕与游牧经济在辽政权境内并存的影响，由此也可以看到作为以游牧经济见长的辽政权对于农业生产的接受与逐渐重视（图8-17）。

辽政权初步建立时期，其控制区

域主要分布在今内蒙古中、东部地区，且此时期的农业开发也主要分布在内蒙古东部的科尔沁等地，冯季昌等考察指出：作为游牧民族的契丹族本身是没有农业的，由于唐末中原地区战乱的影响，华北汉人多北迁至今

日内蒙古东部地区的科尔沁地区垦田耕种，发展起农业（图8-18）。与此同时，辽太祖、辽太宗南下中原、东征渤海时也将大批汉人、渤海人强行迁到辽国，令民垦种于科尔沁地区，以至该地区出现阡陌纵横、五谷丰登的农业社会景象。通过对辽政权主要活动区域自然环境变迁的考察，可以明显看出科尔沁地区自然环境在两宋时期得到了较好维护，这一状况一直维持到了辽代末期（图8-19）。[21]因而辽政权控制下的科尔沁地区植被发达、水草丰美，是契丹族农牧业发展得天独厚的条件，作为游牧民族，契丹族的游牧经济是十分发达的。但农

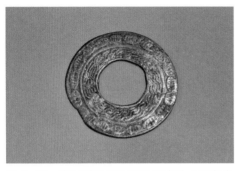

图8-18 辽阴刻波浪纹环形铜饰件（鄂尔多斯博物馆供图）

图8-19 辽浮雕奔马纹铜饰件（鄂尔多斯博物馆供图）

图 8-20　通辽市吐尔基山辽墓（内蒙古博物院供图）

业生产的不断出现，也影响到科尔沁地区的环境变迁。随着辽政权逐渐走向强盛，其控制的疆域范围逐渐向西部地区扩展，逐步控制了内蒙古中南部的黄河流经区（图8-20）。

辽政权强盛之后对内蒙古黄河流域的长时期控制，也促进了对这一区域的开发建设。在契丹帝国如此辽阔的版图之内，其主要生活与生活方式，即基本经济形态，实际上已经囊括了两大经济生产门类，如《辽史》所载，"畜牧畋渔以食，皮毛以衣，转徙随时，车马为家"的游牧经济形态与"耕稼以食，桑麻以衣，宫室以居，城郭以治"的农耕经济形态。[22]

农业生产的出现促进了对当地的开发建设，而非合理的土地开发导致科尔沁地区的自然环境开始出现恶化（图8-21、图8-22）。

图 8-21　辽扁圆形鎏金铜带饰（鄂尔多斯博物馆供图）

图 8-22　辽鎏金卷草花卉纹铜带饰（鄂尔多斯博物馆供图）

二、西夏对内蒙古黄河流域的
治理与开发

到了两宋时期，党项人建立的西夏政权一直控制着内蒙古黄河流域的西部区域，他们成为河套地区的实际控制者与主要开发建设者。北宋时，辽政权治下的契丹人与汉人继续对内蒙古黄河流域东部地区进行治理与开发利用，到了南宋以后，这一区域被后起的女真部落建立的金政权所控制，因而此时期西夏政权控制的区域主要是内蒙古黄河流域的中西部地区。纵观整个内蒙古黄河流域，尤其是今内蒙古自治区西部的鄂尔多斯地区及阿拉善盟与巴彦淖尔市一带，自唐代中、晚期开始，又出现了一些新的游牧部落，如吐谷浑部落[23]和党项羌部落等，这些部落一方面同唐朝开展了较为密切的往来，同时也保存了自身游牧部落组织形式和生产及生活方式，成为这一时期内蒙古黄河流域及毗邻地区各势力角逐中不可忽视的重要组成部分（图8-23）。

（一）党项的崛起及建立西夏政权

提及党项人，就不可避免地需要对吐谷浑部落的历史有所了解。但由于吐谷浑部落在唐末以来长期的民族间交融过程中不断融入汉族与契丹等民族之中，因而与其相关的历史记述与遗迹都不易寻找或难以独立成篇叙述。吐谷浑同汉族及契丹族的融合始于8世纪，即从8世纪开始，吐谷浑的活动范围才再一次深入到内蒙古黄河流域。在此时期，吐谷浑部落的大部分部众都已迁到内蒙古河套地区及陕北一带，同生活在这里的汉人、党项人及突厥、回纥等族人开始交流融合，并形成了多民族交错分布的社会格局。到了公元10世纪初期，吐谷浑部落的分布范围已经遍及阴山以南、雁门关以北的大部分地区，并同世代生活在那里的农耕民族逐渐融合在一起。从10世纪中叶开始，有关吐谷浑

图 8-23　大池古城（白林云摄影）

部落的历史记载逐渐消失，这是由于他们逐渐融入北方地区的汉族社会（河东）与契丹族社会（漠南）人口之中。[24] 因此，党项人建立的西夏政权在这一时期对内蒙古黄河流域部分区域进行了较为持久且深入的开发。

　　追溯历史，可以发现，早在汉朝时，羌族大量内迁至河陇及关中一带。此时的党项族过着不知稼穑、草木记岁的原始游牧部落生活。简而言

之，他们是以部落为划分单位，以姓氏作为部落名称，逐渐形成了著名的党项八部，其中以拓跋氏最为强盛。在公元2~6世纪的时候，他们曾经与分布在河西及其以南地区的鲜卑等诸多部落联合，逐渐形成了一支比较强大的党项羌部落集团。在南北朝时期，古羌族部落中的一部分经过与其他民族人口的不断融合，逐渐形成了党项羌部落。需要注意到，早期的羌族活动于青

图 8-24　十里梁墓群（高兴超摄影）

图 8-25　排子湾拓跋李氏墓志铭（鄂尔多斯博物馆供图）

海境内的黄河河曲一带，尚未向北深入到内蒙古黄河流域，或与内蒙古黄河流域接触较少（图8-24）。

　　早期的羌族部落依附于吐谷浑，是其属部之一，双方之间保持着较多往来。到了唐朝以后，党项羌也随着吐谷浑政权在唐朝初期一同依附于唐朝，接受了唐朝羁縻政策的治理。自唐代以来，党项羌的活动范围已经横跨中国的西北部、西部及西南地区的广阔区域，其控制疆域范围东南至今四川北部的松潘草原，南至今青海果洛藏族自治州境内，西及新疆，北抵今青海北部及甘肃南部地区，逐渐发展壮大成为一支势力比较强大的部落共同体，形成了"细封氏""费听氏""往利氏""颇超氏""野利氏""房当氏""米擒氏""拓跋氏"（图8-25）等八大氏族集团，其中以"拓跋氏"的势力最为强大。到了7世纪后期，随着吐蕃政权的强盛及疆域逐渐对外扩展，党项羌部落在得到唐朝的俯允后，逐渐迁入到今宁夏及甘肃东部、山西北部等地区。

　　党项族经过两次大规模的迁徙后，其活动区域开始广泛涉猎到内蒙古黄河流域，对于党项族崛起初期时（大致为中原王朝的唐末五代及北宋初期）的分布状况，如《宋史》所载，唐贞观至上元年间（627

年—676年）内附，散居西北边；元和（820年）以后，颇相率为盗；会昌初（841年），唐武宗置三使以统之：在邠、宁、延者为一使，在盐、夏、长泽者为一使，在灵武、麟、胜者为一使。五代亦尝入贡。今灵、夏、绥、麟、府、环、庆、丰诸州，镇戎、天德、振武诸军并其族帐。[25] 由此可见，至9世纪中叶，党项族的活动范围已经深入到河套一带（图8-26—图8-31）。刘晓姗依据《宋史》及《续资治通鉴长编》等资料统计了北宋时期党项羌部落的归附情况，参见表8-2。

图 8-26　西夏褐釉剔花莲花口瓷瓶（鄂尔多斯博物馆供图）

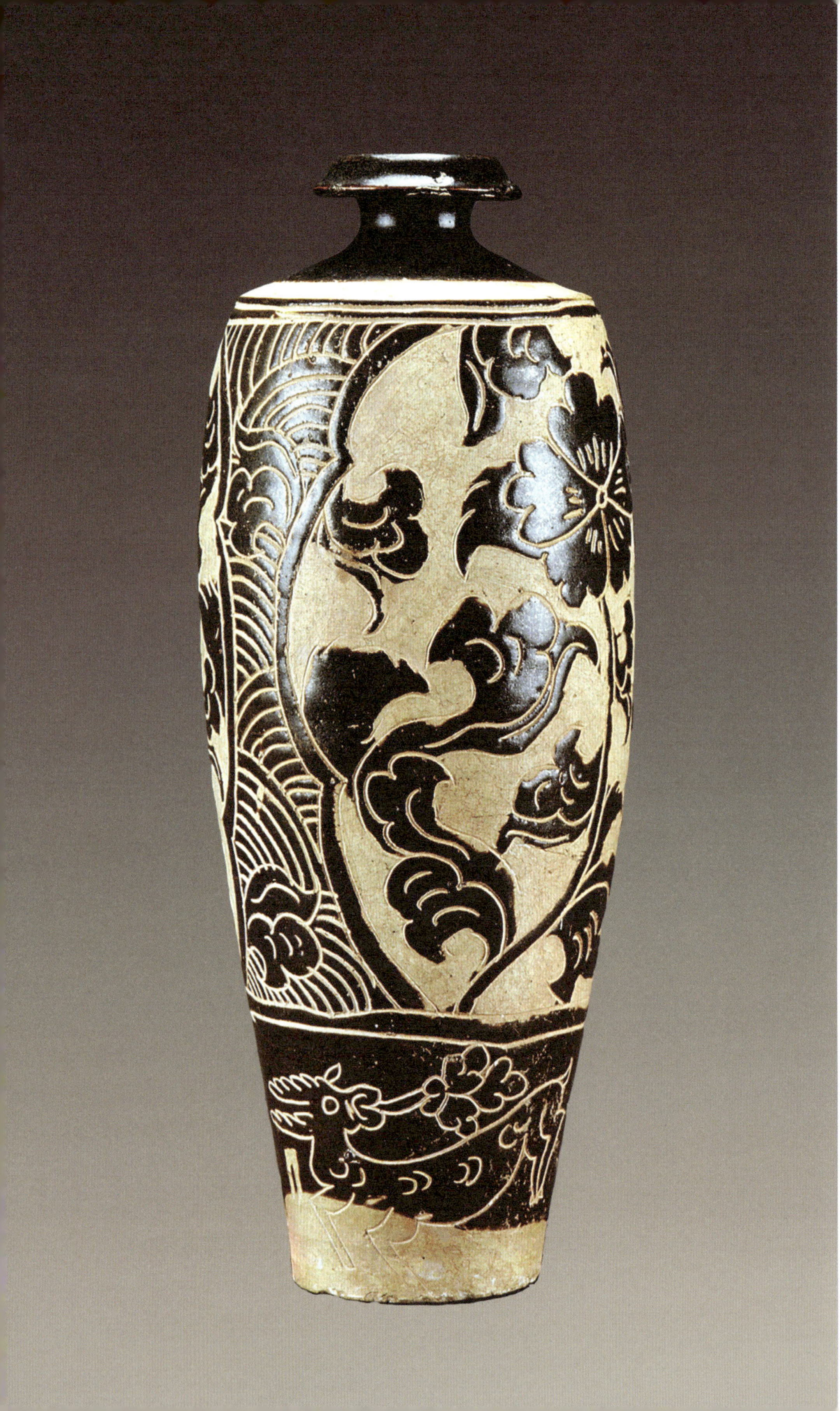

图 8–27　西夏酱釉剔花牡丹纹鹿回首衔草纹瓷瓶（鄂尔多斯博物馆供图）

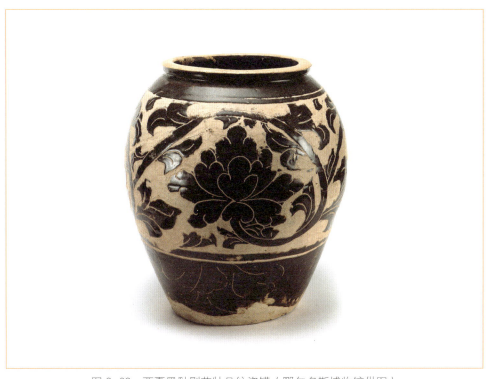

图 8-28　西夏黑釉剔花牡丹纹瓷罐（鄂尔多斯博物馆供图）

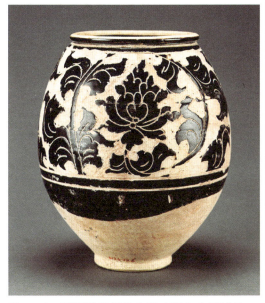

图 8-29　西夏褐釉剔花瓷罐（鄂尔多斯博物馆供图）

图 8-30　西夏褐釉剔花牡丹纹瓷瓶（鄂尔多斯博物馆供图）

图 8-31　西夏黑釉牡丹纹瓷罐（鄂尔多斯博物馆供图）

表8-2　诸时期党项羌部落归降情况简表

时间	内迁情况	出处
建隆二年（961年）	代州刺史折乜埋来朝。乜埋，党项之大姓，世居河右，有捍边之功，故授以方州，召令入觐而遣还。	《宋史》卷四百九十一
开宝元年（968年）	直荡族首领啜佶等引并人寇府州，为王师所败。诏内属羌部十六府大首领屈遇与十二府首领罗崖领所部诛啜佶，啜佶惧，以其族归顺。	《宋史》卷四百九十一
太平兴国七年（982年）	又银州羌部拓跋遇来诉本州赋役苛虐，乞移居内地，诏令各守族帐。	《宋史》卷四百九十一
雍熙二年（985年）	（王）侁等于银州北破悉利诸族，斩首三千六百余级，生擒八十人，俘老小一千四百余口……五月，又于开光谷西杏子平破保寺、保香族，追奔二十余里，斩首八百余级……生擒四十九人，俘其老小三百余人……又破保、洗两族，俘三千人，降五十五族。	《宋史》卷四百九十一

时间	内迁情况	出处
雍熙二年（985年）	（王）侁等又言，麟州及三族砦羌人二千余人皆降……五月，王侁、李继隆等又破银州杏子平东北山谷内没邴、浪悉讹等族，及浊轮川东、兔头川西诸族，生擒七十八人，枭五十九人，俘二百三十六口，牛羊驴马千二百六十，招降千四百五十二户。	《宋史》卷四百九十一
雍熙二年（985年）	夏州尹宪等引兵至盐城，吴移、越移等四族来降，宪等抚之……又降银麟夏等州、三族砦诸部一百二十五族，合万六千一百八十九户……又府州女乜族首领来母崖男社正等内附，因迁居茗乜族中。	《宋史》卷四百九十一
端拱元年（988年）	火山军言河西羌部直荡族内附。	《宋史》卷四百九十一
淳化二年（991年）	以黄乜族降户七百余散于银、夏州旧地处之……先是，兀泥大首领泥中佶移内附，诏授慎州节度，俄复归继迁，其长子突厥罗与首领黄罗至是以千余帐降。	《宋史》卷四百九十一
淳化五年（994年）	府州折御卿言：银、夏州管勾生户八千帐族悉来归附。	《宋史》卷四百九十一
淳化五年（994年）	诏隳夏州故城，迁其民于绥、银等州，分官地给之，长史倍加安抚。	《续资治通鉴长编》卷三十五
至道元年（995年）	以勒浪嵬女儿门十六府大首领马尾等内附，以马尾为归德大将军、领恩州刺史。	《宋史》卷四百九十一
至道二年（996年）	勒浪族副首领遇兀等百九十三人归附，贡马七匹。	《宋史》卷四百九十一
咸平四年（1001年）	环州言，继迁所掠羌族嵬通等徙帐来归，又继迁诸羌族明叶示及扑咩、讹猪等首领率属内附，并令给善地处之。	《宋史》卷四百九十一
咸平五年（1002年）	诏河西戎人归投者迁内地，给以闲田。时勒厥麻等三族千五百帐以浊轮砦失守，越河内属，分处边境。边臣屡言勒厥麻往来贼中，恐复叛去，乃徙置宪州楼烦县，迁使赐金帛抚慰。	《宋史》卷四百九十一
咸平五年（1002年）	石、隰州部署言李继迁部下指挥使卧浪己等四十六人来附。	《续资治通鉴长编》卷五十一
咸平五年（1002年）	麟州界首领勒厥麻等三族千五百帐，以浊轮寨失守，相率越河内属，遂分处边境。	《续资治通鉴长编》卷五十三

时间	内迁情况	出处
咸平六年 （1003年）	叶市族啰埋等持继迁伪署牒率百余帐来归，以啰埋为本族指挥使，啰胡为军使。	《宋史》卷四百九十一
咸平六年 （1003年）	环庆部署张凝言：内属戎人与贼界错居，屡为胁诱，臣领兵离木波镇直凑八州原下砦，招降岑移等三十二族，又至分水岭降麻谋等二十一族，柔远镇降巢迷等二十族，遂抵业乐，降 树罗家等一百族，合四千八十户。	《宋史》卷四百九十一
咸平六年 （1003年）	四月……又诏洪德砦归附戎人，给内地土田，资以口粮……八月，原、渭等州言本界戎人来附者八部二十五族。	《宋史》卷四百九十一
咸平六年 （1003年）	招降得岑移等三十三族，又从淮安镇入分水岭，招降得麻谋等三十一族，又至柔远镇，招降得巢迷等二十族，遂抵业乐，招降得 树罗家等百族，合四千八十户。	《续资治通鉴长编》卷五十四
景德元年 （1004年）	麟州路言：附契丹戎人言泥族拔黄太尉率三百余帐内属……洪德砦言羌部罗泥天王等首领率属来附……镇戎军言，先叛去熟魏族酋长茄罗、兀贼、成王等三族应诏抚谕，各率属来归。	《宋史》卷四百九十一
景德元年 （1004年）	麟府路言附契丹戎人言泥族、拔黄太尉率三百余帐内属。	《续资治通鉴长编》卷五十六
景德元年 （1004年）	泾原路言陇山外至王家、狸家、延家三族归顺。诏授其首领官。	《续资治通鉴长编》卷五十六
景德元年 （1004年）	环州、洪德寨言蕃部罗民大王本族诸首领各率其属归顺。	《续资治通鉴长编》卷五十六
景德三年 （1006年）	镇戎军曹玮言叛去酋长苏尚娘复求归附。	《宋史》卷四百九十一
景德三年 （1006年）	知镇戎军曹玮言，伊普才迭三族首领率其属来归，欲发兵应接。	《续资治通鉴长编》卷六十四
大中祥符六年 （1013年）	夏州略去熟户旺家族首领都子等来归，随而至者又三族，遣使存劳之。	《宋史》卷四百九十一
大中祥符七年 （1014年）	玮言叶市族大首领艳奴归顺。	《宋史》卷四百九十一
大中祥符七年 （1014年）	时安抚司请于府州诸族收管，上以顷岁外浪族杜庆光等率部下来归，既授职名，复还唐龙，故有是命。	《续资治通鉴长编》卷八十二

续表

时间	内迁情况	出处
大中祥符九年 （1016年）	北界毛尸族军主浪埋、骨咩族酋长虬唱、巢迷族酋长冯移埋率其属千一百九十口、牛马杂畜千八百归附．降诏抚之。	《宋史》卷四百九十一
天禧二年 （1018年）	泾原路言，樊家族九门都首领客厮铎内属，以厮铎为军主。	《宋史》卷四百九十一
天禧三年 （1019年）	鄜延路言，亡去熟户委乞等六百九十五人，及骨咩、大门等族来归。	《宋史》卷四百九十一
天禧四年 （1020年）	仆咩族马讹等率属来附。	《宋史》卷四百九十一
天禧四年 （1020年）	鄜延路铃辖言，扑咩族、马讹等，先为北界所略，今帅众来归。	《续资治通鉴长编》卷九十六

（ 资料来源：刘晓姗：《宋代鄂尔多斯高原民族地理研究》，陕西师范大学硕士论文，2017年。）

根据表8-2所统计有关北宋时期党项羌部落的归附情况可以发现，党项族内附的时间相对集中在北宋建立（960年）至西夏建国（1038年）之间，且在之间出现几次内附的小高潮。根据上述材料粗略统计，在北宋建立至西夏建国期间，内附的党项族部落有近400族，28000多户，这也体现出此时期民族之间交流融合的逐渐深入。

由此开始，党项羌的活动范围开始深入到内蒙古黄河流域，尤其是在鄂尔多斯地区的分布较为广泛。党项族经过有唐一朝的不断迁徙后，宋代时党项羌各部落在鄂尔多斯高原的分布格局已基本稳定。宋太宗时期（976年—997年），曾任延州节度判官达五年的宋琪说："党项界东自河西银、夏，西至灵、盐，南距鄜、延，北连丰、会。厥土多荒隙，是前汉呼韩邪所处河南之地，幅员千里。"[26]但这只是比较笼统的描述，对于鄂尔多斯高原上党项族各部落分布的具体区域并没有作出详细的介绍。刘晓姗依据现存文献资料，将鄂尔多斯高原党项族诸部的分布分为以下几种情况：一是在州城、堡寨及其附近分布；二是在西夏监军司内分布；三是在夏辽毗邻地带直路驿站及其附近分布。[27]但这仍是较为粗略的划分，并无具体的考证。

其中一个部落逐渐走向强盛并推动了党项羌的崛起，那是居住在夏州（今鄂尔多斯市乌审旗白城子西）附近的一支党项羌部落，它在唐代时开始崛起并逐渐走向强大，史称"平夏部"。平夏部最初的主要活动范围分布在今鄂尔多斯地区，且逐渐向西拓展到河套（后套）一带，契丹人的影响范围由此向东退缩。自此，内蒙古黄河流域中部地区的大部分区域（且是黄河流经的自然条件相对优渥的河套平原一带）成为党项羌的活动区域，这一地区土壤肥沃、水源充足，农牧业生产的自然条件良好，由此奠定了党项羌崛起与发展的自然基础（图8-32）。到了唐朝末期，平夏部的首领拓跋思恭因为帮助唐朝镇压黄巢起义有功，而被册封为夏国公、

图 8-32-1　三岔河古城遗址

图 8-32-2　三岔河古城遗址东墙

图 8-32-3　三岔河古城遗址东北角

图 8-32　三岔河城址及平面图
（鄂尔多斯博物馆供图）

权知定难节度使，治所就设在夏州，并被唐朝册封为"李"姓，从此奠定了党项羌在夏州及其周围地区扩展疆域与繁荣发展的基础。[28]在唐末国家动乱时期，党项羌乘机不断扩张领土，壮大了自身的实力，奠定了建国立号的基础。

1032年，西夏国主李德明[29]病死，其子李元昊继立为夏国王，李元昊继位对西夏的崛起发挥了重要作用。李元昊一改其父祖时期与北宋及辽政权的

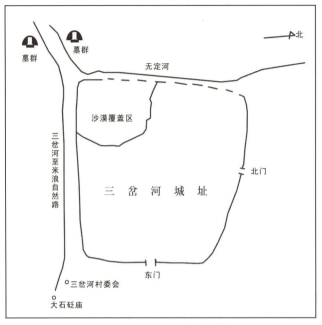

图 8-32-4　三岔河城址平面图

图 8-33　西夏铭文铜官印（鄂尔多斯博物馆供图）

图 8-34　宥州古城（白林云摄影）

外交作风，采取了依靠辽为援、锐意抗宋的方针。1034年，李元昊继续夺取宋朝西北地区的大片领土，包括今陕西府谷、甘肃环县等大片土地。次年（1035年），又攻夺吐蕃占领的青唐（今青海西宁）、宗哥（今青海西宁东）诸城，夺取回鹘占领的肃（今甘肃酒泉）、瓜、沙（今甘肃敦煌）三州。随后不久，李元昊帅兵征服兰州诸羌，使党项羌东山、平夏两大部落集团统一为一体。由此，李元昊不仅扩大了疆域，也完成了对党项羌各部族的统一，实力大增。1038年，李元昊正式宣布称帝（党项语自称"兀卒"，汉译即"青天子"），建国号为大夏（党项语称"邦泥定国"，汉译即"白上国"），改元天授礼法延祚，定都兴庆府（即今宁夏银川）（图8-33）。此时，西夏的版图：东临黄河，西至玉门关，南抵萧关，北及大漠，幅员二万余里，极为辽阔，领有夏、银、绥、宥、静、灵、盐、会、胜、甘、凉、瓜、沙、肃、洪、定、威、怀、龙诸州。[30]可见，西夏建国之后，已成为雄踞西北并占据黄河河套南北大部分地区的强大政权，这也奠定了其对内蒙古黄河流域的开发利用的基础（图8-34）。

591

图 8-35　西夏"大安宝钱"和"福圣宝钱"（鄂尔多斯博物馆供图）

由上述可以发现，此时西夏政权控制的疆域已经涉及内蒙古黄河流域并将部分区域纳入其疆域之内，这就不可避免地会同契丹政权发生冲突。此后数年之间，由李元昊率领，西夏相继对宋王朝发动了"三川口之战""好水川之战""麟府丰之战""定川寨之战"四大战役，歼灭宋军西北精锐数万人，致使宋朝不得不认可其对西北地区的占据，由此奠定了西夏建立政权的基础。并在天授礼法延祚七年（1044年），在"河曲之战"（今内蒙古鄂尔多斯地区）中，李元昊击败了携10万精锐御驾亲征的辽兴宗，并俘获了数十位辽国的贵族大臣，这场战役的胜利，更加巩固了西夏政权在西北地区的统治。

（二）西夏政权的巩固及对内蒙古黄河流域的开发

新建立的西夏政权经过与宋及辽之间的几次大战获胜后，初步巩固了政权，开始对新建立国家的治理与建设（图8-35）。开疆拓土是西夏政权建立后的首要举措，在李元昊的领导之下，西夏奉行积极的拓边之策，东北向占领唐龙镇、胜州，又升置洪、定、威、怀、龙等州，基本取得了鄂尔多斯高原除麟、府、丰三州和郎延路北部之外的全境。而在麟、府方向，西夏实际控制范围也有所延伸。[31]早在李元昊正式建国之前，其父祖便奉行拓展疆域的策略，如咸平五年（1002年），元昊祖父李继迁攻陷麟州陷浊轮、军马等寨，将势力延伸至浊轮川、屈野河（位于陕西神木）沿岸。大中祥符二年（1009年）宋在屈野河东筑横阳（在今神木市店塔村北）、神堂（在今神木市神木镇东北）、银城（在今神木镇黄石头地村）三寨，与夏人划定三寨及麟州城西、西南35~60里以内不得耕种。[32]但西夏人逐渐侵耕屈野河及浊轮川以西划定之禁耕区，使此界限不断向东拓展，这一举措极大拓展了西夏的疆土，逐渐将内蒙古黄河流域的部分区域纳入其统治区域内。

西夏建国之后，经过李元昊等几位早期君主的治理，西夏势力大增并渐趋走向繁盛发展阶段。在西夏统治繁盛时期，其政权控制区域北至甘州回鹘，抵达合罗川（今内蒙古阿拉善盟的额济纳河流域）（图8-36、图8-37）；东抵阴山山脉西部，在夹山地区与辽朝相抗；西界吐蕃，南与北宋相持于河、陇地带（今陕西西部、甘肃南部地区）。境内除主体民

图 8-36　西夏黑城出土的文书手稿（阿拉善博物馆供图）

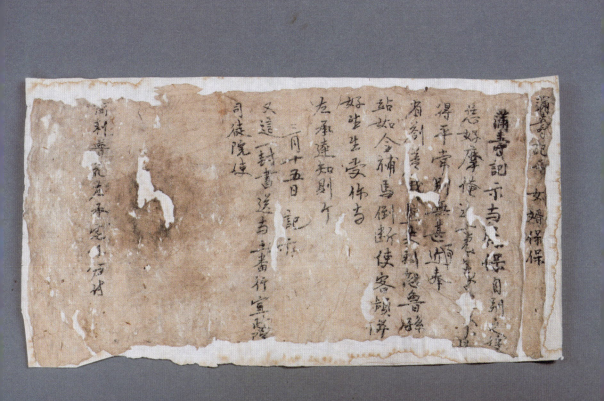

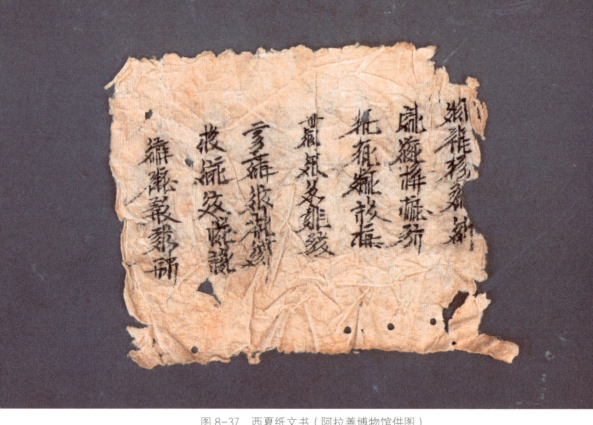

图 8-37 西夏纸文书（阿拉善博物馆供图）

族党项外，还居住着回鹘、吐蕃、吐谷浑、沙陀、阻卜等诸部族。在阴山山脉以西和以南地带，西夏事实上控制了今内蒙古自治区阿拉善盟、鄂尔多斯市和巴彦淖尔市等部分地区。生活在这里的居民，主要是从事游牧与农耕的党项、吐谷浑、回鹘等各族人口。[33] 西夏自1038年正式立国至1227年为蒙古人所灭，存在时间189年。若是从881年李思恭被任命为定难军节度使算起，李氏政权存在时间长计346年。

西夏建国并巩固新建立的政权之后，开始对其所辖疆域进行治理，其在内蒙古黄河流域的行政区划及建置主要是设立州、郡及军司等对各地方进行管理。设有胜州（今内蒙古阿拉善盟鄂尔多斯市准格尔旗境内）、五原郡（今鄂尔多斯黄河北岸阴山之南）、丰州（今陕西府谷县，辖境包括今内蒙古鄂尔多斯准格尔旗西南部与伊金霍洛旗东南部）、怀州（大约今宁夏银川市东南，辖境包括今鄂尔多斯市鄂托克前旗西南部）、定州（今宁夏平罗县东南，辖境包括今鄂尔多斯市鄂托克前旗西部）、盐州（今宁夏盐池县北，辖境包括今鄂尔多斯市鄂托克前旗西部）、宥州（今鄂尔多斯市乌审旗境内之城川古城遗址）、夏州（今鄂尔多斯市与陕西靖边县交界处的白城子古城遗址，辖境包括今鄂尔多斯市乌审旗南部）、黑山威福军司（今内蒙古额济纳旗黑城遗址）、黑水镇燕军司（黑水即今额济纳河，一说黑水城在今巴彦淖尔市乌拉特后旗喀喇沐沦流域）和驻守贺兰山区克夷门的右厢朝顺军司及斡罗孩城（今内蒙古狼山山脉隘口北部）等众多的边城堡寨。当西夏与辽朝、北宋并存的时候，这些地区已成为西夏重要的经济区域，在今阿拉善盟额济纳旗境内的古居延海周围，西夏开垦了大量的农田，至今还保留着黑城和绿城等西夏各族人民生居于此的遗迹（图8-38）。史称，在贺兰山西北，即今阿拉善左旗境内有西夏的摊粮城，是西夏修筑在后方的储粮场所。同时，在今阿拉善盟境内发现了西夏时期修建的边城（堡）、烽火台等遗址数十处，还有西夏时期的墓葬

图8-38　西夏铁鼎（鄂尔多斯博物馆供图）

群及刻绘的岩画、修建的寺庙等。在黄河河套以南，今乌海市境内，还遗有西夏时期修筑的著名的阿尔寨石窟及李氏家族墓地等。[34]无论是地方建置还是考古发掘的遗迹，都体现出西夏时期对内蒙古黄河流域进行过较广泛且深入的开发建设（图8-39—图8-42）。

纵观西夏疆域内各地区的自然环境，在当时的社会生产力条件下，能够满足农牧业生产自然是开发的重要前提，有优渥自然条件的内蒙古黄河流域俨然成为西夏的重要经济区，当西夏与辽、北宋并立及对抗之时，这一地区也是西夏对抗辽与北宋的战略大后方。西夏人在这里不仅开垦出了大量的农田，还留下了许多遗迹，如烽火台、墓葬群、岩画与壁画、寺庙等等，这些遗迹与器物等也代表着西夏时期内蒙古黄河流域的开发利用情况及西夏社会的文明发展水平。尤其是城堡的大肆修建，是西夏对内蒙古黄河流域开发建设的重要表现形式，而在鄂尔多斯地区修筑的城堡最为普遍，根据李军平的统计，当代考古发现的及历史文献中记载的主要有"城坡古城"城址、"布拉岽古城渠"城址、"石洞梁"城址、"二长渠"城址、"昂拜淖"城址、"呼和淖尔"城址、"石矻庙"城址、"乌兰敖包"城址、"陶思图"城址、"城川"城址、"大池"城址、"查干巴

图 8-39　铁火烙（鄂尔多斯博物馆供图）

图 8-40　铁镳斗（鄂尔多斯博物馆供图）

图 8-41　铁臼（鄂尔多斯博物馆供图）

图 8-42　铁马衔（鄂尔多斯博物馆供图）

图 8-43-1 南墙与黄河

图 8-43 城坡古城（鄂尔多斯博物馆供图）

图 8-43-2 东墙

图 8-43-3　西墙角楼

图 8-43-4　瓮城

拉嘎素"城址和"城塔古城"遗址等（图8-43）。[35]

需要注意到，在西夏政权控制疆域内，其统治制度有别于中原地区的重要特点之一，是推行了"州衙"与"蕃落"两套并行的行政组织机构。州衙，相当于军州，长官称"衙内都指挥使"，是某一特定区域的行政中心。蕃落，即羌、蕃等少数民族固有组织形式，长官称"都知蕃落使"，"州衙"与"蕃落"行政组织机构也是西夏政权的统治基础。故西夏所置军州，也往往处于"蕃落"的包围之中。[36]这一治理模式是西夏时期所特有的，也是西夏政权在顾及作为统治民族党项的基础上，结合其统治境内多民族共同生存发展的实际情况而开展的治理模式（图8-44）。

李元昊建立了西夏国，标志着党项羌由奴隶制转变为封建领主制。西夏也在内蒙古黄河流域任命了一些地方官员，并授以官印，这些官印在当代考古发掘中也多有发现。总结而言，这些官印均由铜铸而成，圆角方形，背上有方形钮，形体厚重古朴。西夏文官印一般为"白文印"和"朱文印"两种。但目前在鄂尔多斯发现的西夏文官印则均为"白文印"。有考释的官印均为篆书"首领"二字（图8-45）。有的印背上刻有西夏文行书，多为年号和掌印人姓名；也

有印钮上刻西夏文字的。西夏官印文字，整体给人以粗犷遒劲、秀茂钝古之感。篆体以方笔居多，偶尔夹有圆笔，具有方圆并行的特点。笔画刻至印章四角处，能随印的自然角度灵活变化，笔法虽繁但墨路清晰，达到既方正遒劲又自然天成的效果。从官印篆书的结构上看，同是"首领"二字，竟有正体、繁体、变体和倒体等多种变化，表现了西夏民族文字的独特风格。[37]西夏在内蒙古黄河流域设置了较多管理机构，因而有关这些地方管理官员的研究也有待进一步深入。

经历了李乾顺[38]时期以后，西夏进入封建地主制，国家逐渐走向强盛发展的态势，经济类型以农业和畜牧业为主，在内蒙古黄河流域及毗邻地区呈现出明显的农牧业交错发布的地理格局。在此时期的内蒙古黄河流域内，鄂尔多斯地区对于11~13世纪的西夏王朝而言具有重要意义，不仅是其重要的领土，也是党项发迹与崛起之地，是西夏政权的摇篮。党项族据居鄂尔多斯地区时，"以羊马为国"，依靠畜牧业发展经济；而在西夏建国后，这里依然是重要的畜牧基地。西夏在鄂尔多斯时的畜牧业之繁盛不仅得益于优越的自然条件，还因为一定程度上继承了唐代"北河曲牧群"的畜牧业体系。鄂尔多斯南部的"五州之

图 8-44　西夏金碗（鄂尔多斯博物馆供图）

图 8-45　西夏首领印（鄂尔多斯博物馆供图）

地"（夏、绥、银、宥、静）是鄂尔多斯的经济、政治中心，也是西夏继承唐代"北河曲牧群"的主要区域。[39]由上述可见，鄂尔多斯地区的畜牧经济虽然有着较好的前期基础，但西夏统治时期五州之地的畜牧业发展最为迅速，在西夏畜牧业中尤为重要。

（三）西夏时期的农牧经济发展

农牧交错分布的地理格局是西夏国家的经济基础，更体现出西夏政权建立者党项人对于农业的接受与发展，农牧交错分布的地理与经济社会特征在西夏墓葬出土的器物及壁画中也有所体现。根据李军平的考察，1978年，在鄂尔多斯准格尔旗哈岱高勒乡城坡西夏城址附近的大沙塔，发现有西夏砖室墓葬。考察指出，墓葬形制完全是仿中原地区汉族墓葬而建，均为砖筑穹隆顶式仿木结构，带有斜坡墓道，墓室建造精巧，表现了墓主人生前豪华而气派的生活场景。有的墓内有尸床上立壁筑有须弥座；出土文物还有受佛教文化影响的塔形陶器顶，可见佛教文化对西夏社会风俗的影响。在这批墓葬中，还发现有壁画，壁画的内容主要是反映家庭生活的《夫妇对饮图》，男者为身穿红袍的小官吏形象，女者为贵妇人形象，表现了墓葬主人生前的社会地位。还有

高鼻深目，满腮胡须的党项族人侍从形象。此外，壁画中还有以人物与骆驼为内容的画面，这也从一个侧面反映了西夏民族从事畜牧业经济的特点。[40]因此，兼具农耕与游牧经济是西夏时期国家经济社会的一个重要表现方面，这对于整个西夏国家治理及历史发展都有重要影响（图8-46）。

农牧交错的经济生产模式也表明畜牧业在西夏占有重要的一席之地，根据前文所述，鄂尔多斯地区是西夏的重要牧场，当地出产的牲畜较为丰富，史书中的记载直接描述了这一地区的畜牧状况，如唐人沈亚描述："夏之属土，广长几千里，皆流沙，属民皆杂虏。虏之多者曰党项，相聚为落于野，曰部落，其所业无农桑，事畜马牛羊橐驼。"[41]周太祖也说夏州的党项政权："夏州惟产羊马，贸易百货，悉仰中国，我若绝之，彼何能为！"[42]由这些史料记述可以发现，自唐代中期以来，西夏控制下的鄂尔多斯地区的党项民众以畜牧为主要产业，牧养马、牛、羊、驼等牲畜（图8-47—图8-49）。

鄂尔多斯地区作为西夏与宋王朝接触的前沿地区，在宋夏连年战争中，当地的畜牧经济也遭到了严重破坏，这在史料中也多有提及。根据高仁的梳理，元丰四年（1081年），宋军五路伐夏，王中正出河东路，取夏

图 8-46　西夏"内宿待命"铜令牌（鄂尔多斯博物馆供图）

州之后，约在当年十月至宥州，"城中居民五百余家，遂屠之。斩首百余级，降者十数人。获马牛百六十，羊千九百"[43]。这是宋军初入宥州，虽然当时城中五百余家仅有百人，十室九空，但从人畜比例来看，每人至少持有十余头牲畜，这与银州的水平比较接近，并且还有不少马。不过，在绍圣四年，即西夏天祐民安八年（1097年），宋朝再次开边，宋军二入宥州，王愍"破荡宥州"，"发窖藏，践禾稼、荡族帐不可胜计……转战而南七十余里"，基本将

宥州及以南七十里区域内的所有物资皆搜括殆尽，也只不过"牛羊万五千余头"[44]。同样在绍圣四年（1097年），宋军二入夏州，宋将刘安"至浪沁沙与贼遇，破其众，斩首五百余级"，却仅得"牛羊千数"[45]，由此计算，平均每人仅 2 头牲畜。可见，在宋军第二次进入这里时，不仅牲畜牧养的数量很少，并且以牛羊这种经济型的牲畜为主，再也见不到较为贵重的马了。[46]因此，鄂尔多斯地区畜牧业的发展也因宋、夏战争的影响而出现了衰退迹象（图8-50）。

图 8-47　西夏铁马镫（鄂尔多斯博物馆供图）

图 8-48　西夏铁剪（鄂尔多斯博物馆供图）

图 8-49 西夏羊首铁灯（鄂尔多斯博物馆供图）

图 8-50-1 西夏军事城堡〔内蒙古博物院供图〕

图 8-50 临河高油坊古城

图 8-50-2 古城东墙〔屯古勒摄影〕

综合上述可知，"五州之地"虽然是这一时期西夏政权内的重要畜牧业经济区，也是当时鄂尔多斯地区的政治及经济中心，但其面积不足鄂尔多斯整个地区的十分之一，在西夏控制的内蒙古黄河流域内，还存在着相当面积的农业生产区。对于西夏境内的农牧业物产出产情况，《辽史》有如下记载：

> 土产大麦、荜豆、青稞、床子、古子蔓、碱地蓬实、苁蓉苗、小芜荑、席鸡草子、地黄叶、登厢草、沙葱、野韭、拒灰菔、白蒿、碱地松实。
>
> ……
>
> 其俗，衣白窄衫，毡冠，冠后垂红结绶……凡出兵先卜，有四：一炙勃焦，以艾灼羊脾骨；二擗算，擗竹于地以求数，若揲蓍然；三咒羊，其夜牵羊，焚香祷之，又焚谷火于野，次晨屠羊，肠胃通则吉，羊心有血则败；四矢击弦，听其声，知胜负及敌至之期。病者不用医药，召巫者送鬼，西夏语以巫为"厮"也；或迁他室，谓之"闪病"。喜报仇，有丧则不伐人，负甲叶于背识之。仇解，用鸡、猪、犬血和酒，贮与骷髅中饮之，乃誓曰："若复报仇，谷麦不收，男女秃癞，六畜死，蛇入帐。"有力小不能复仇者，集壮妇，享以牛羊酒食，趋仇家纵火，焚其庐舍。俗

日敌女兵不祥，辄避去。诉于官，官择舌辩气直之人为和断官，听其屈直。杀人者，纳命价钱百二十千。[47]

由上述引文可以发现，西夏时期的党项羌已经摆脱了对游牧经济的单纯依赖，出现了农耕与游牧经济兼营的农牧交错分布的经济社会类型。具体如鄂尔多斯北部地区，清河军、金肃军以西基本上都是西夏的疆域，这一区域因黄河及其支流流经而为农业生产提供了必要水源，当代的考古发

图 8-51　西夏持笏文官石雕像（内蒙古博物院供图）

掘成果也证实了西夏时期这一地区存在农业生产。对此，有学者指出，这里近七成的土地属于黄土区，且这里有诸多的农具出土，应当是西夏的一片农耕区域。[48] 因此，考古发掘资料佐证了西夏时期内蒙古黄河流域部分区域是属于农牧交错分布地理格局与社会形态的正确性（图8-51—图8-53）。

由上述可知，农业无疑成为西夏统治时期，内蒙古黄河流域的另一个重要经济类型，且随着西夏政权的逐渐稳定及疆域内人口增多与土地开垦，农产品也逐渐成为西夏境内的主要生存给养，对于农业的依赖程度也逐渐提高。如骨勒茂才在《蕃汉合时掌中珠》中指出，当时西夏境内的主要粮食作物已有小麦、大麦、荞麦、稻、糜粟、豌豆、黑豆、荜豆等，另外，还有芥菜、蔓菁、萝卜、葱、蒜、韭菜等许多种蔬菜品种。[49] 随着土地开垦范围的逐渐扩大及农业生产的日渐发展，生产工具与生产技术都有了较大进步，骨勒茂才在《蕃汉舍

图 8-52　西夏持剑武将石雕像（内蒙古博物院供图）　　　图 8-53　西夏执斧武将石雕像（内蒙古博物院供图）

图 8-54 西夏铁锄（鄂尔多斯博物馆供图）

图 8-55 西夏铁锄头（鄂尔多斯博物馆供图）

时掌中珠》中也指出：西夏时的生产工具有犁、铧、镰、锄、锹、耙、镬坎、子耧、磟碡等，这些生产工具对于农业生产发展起到了非常重要的推动作用（图8-54、图8-55）。在甘肃敦煌榆林古窟保存至今的一部分西夏彩色壁画中，有一幅描绘西夏农夫扬鞭驱牛、扶犁翻土的二牛抬扛农耕图，图文并茂，栩栩如生。还有自20世纪70年代以来，宁夏回族自治区银川市以西贺兰山麓的西夏王陵区发掘的三座帝王陵陪葬墓，皆出土有青铜制的大型耕牛随葬品。[50]由上述可见，西夏时期农业取得的较快发展。

　　具体就鄂尔多斯来说，近代以来在鄂尔多斯地区考古发掘出土了大量西夏文物，并发现在这些西夏文物中有数量众多的铁器文物，铁器的使用代表着这一时期西夏经济社会的发展程度。这些铁器文物种类丰富繁杂，是研究西夏社会经济、生产、生活及宗教文化的珍贵资料。西夏的铁器文物除钱币外，按其用途可粗略分为如下几类。生活器皿类主要有镂、斧、铛、火盘、熨斗、臼、灯（羊首）等。农具类主要有犁铧、锄、镬、镰刀等（图8-56、图8-57）。工具类主要有铲刀、剪刀、锯、凿、刀、炼勺。马具类主要是马衔、马绊、铁环等，还有从事狩猎用的箭镞等等。从鄂尔多斯出土的大量西夏农具可以看出，西夏在与北宋长期交往中，党项人在中原先进文化和生产技术的影响下，逐渐改变生产和生活方式。有从事小手工业，或农耕生产的，但仍保持着相当的畜牧狩猎经济。[51]因此，西夏统治者党项族作为典型的游牧民族，在其建立政权过程中及立国之后，也充分吸收并发展起农业经济，这也是当时民族间相互交流融合的重要表现。

图 8-56　西夏铁犁铧（鄂尔多斯博物馆供图）

图 8-57　西夏铁犁镜（鄂尔多斯博物馆供图）

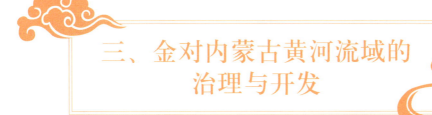

三、金对内蒙古黄河流域的治理与开发

女真人建立的金政权是两宋至元代以前内蒙古黄河流域中部及东部地区的主要占据者，也是此时期内最后一个长时期占据这一区域的政权，在黄河流域尤其是土默特川平原地区进行了较为深入的开发建设，如为了防御北方部族的南下侵扰，金朝让白达达担任守卫阴山一带城墙安全的任务，他们又被称为"阴山汪古"（又称"汪古"）。时至今日，土默特及周边地区还遗留着较多金朝统治时期的历史遗迹。

（一）女真的崛起及金政权的建立

女真，别称为朱里真、女贞、女直等，今被称为满族。女真的族源可追溯至3000多年前东北地区的古老民族肃慎，在两汉至晋朝时被称为挹娄，到了南北朝时被称为勿吉（此时已经拥有粟末、黑水、白山、安车骨等7个部落组织），在隋至唐时期被称为黑水靺鞨（各部落名称与南北朝时期勿吉7部的名称相同），辽朝时期被称为"女真""女直"（避辽兴宗耶律宗真讳）。女真基本形成独立发展的民族形态时间大约是在唐朝时，"女真"一名最早见于唐初的历史文献中，也正是从7世纪末期开始，原本居住在最南边的粟末靺鞨逐渐发展壮大起来，成为女真内部举足轻重的部落（图8-58）。

图 8-58　达里诺尔湖附近的金界壕及边堡（内蒙古博物院供图）

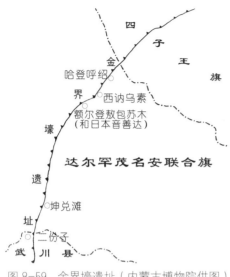

图8-59 金界壕遗址（内蒙古博物院供图）

女真政权建立之初，辽朝统治着东北及今内蒙古的大部分地区，女真依附于辽政权。在辽政权治下，女真有生女真、熟女真之分，这也是辽朝实行的分而治之的策略。辽朝把女真人中的强宗大姓骗至辽东半岛，将这些人编入契丹国籍，称之为"合苏馆"，又有"曷苏馆""合苏衮"等称谓，是女真语"藩篱"的意思，意将女真作为辽朝东部疆域的藩篱，这些人也就是"熟女真"。另一部分则是较为落后的部落，辽朝强行将其留居在粟末水（松花江北流段）之北、宁江州（今吉林扶余市）之东，这些人就是"生女真"。由于辽朝的压迫，女真不堪其重负而奋起反抗，到了11至12世纪时，女真部落中的完颜部开始崛起，12世纪时，完颜部出

现了一位杰出的首领完颜阿骨打，在1115年，阿骨打逐渐统一了女真各部，在会宁府（哈尔滨阿城）建立金朝政权。因而自12世纪初期以来，女真人建立金政权之后，逐渐打破了形成已久的辽、宋、西夏三方鼎立存在的政治格局，金政权的崛起使四大政权并存对抗的历史时期出现（图8-59）。

在辽与金政权相互对抗的过程中，北宋采取了联合金朝对抗辽朝的方略；但西夏采取了援辽抗金的策略，并积极抵御北宋的进攻，有利牵制了北宋的军队。这一举措导致当时中国北方出现了纷繁复杂的政治局面，但最终辽政权因内忧外患而逐渐失去了优势，最终被金所灭。西夏自1124年开始，便不再派兵支援统治已经摇摇欲坠的辽朝，开始与金朝交好并达成协议。协议规定，西夏必须向金朝称臣，金朝则将河曲以东、下塞以北、阴山以南和乙室耶剌部吐禄泺以西的辽朝故地（即今内蒙古阴山西段）全部割让给西夏。同时约定，西夏应与金军共同出兵追剿辽朝天祚帝。西夏国主李乾顺在丰厚的利益诱惑面前，毫不犹豫地就答应了金国的要求，从此西夏也成为金的附庸。但好景不长，金军因怀疑西夏军队有诈，便采取突然袭击的方式进攻西夏政权，乘机夺回已经许诺给西夏的部分土地。[52]金夏双方关系开始紧张，

图 8-60　金代壁画（内蒙古博物院供图）

军事冲突时有出现。由此可见，西夏此时所控制的土地仍是内蒙古黄河流域的西部地区，原来由契丹政权控制的中东部地区此时又落入金政权之手，由此，内蒙古黄河流域的东部地区开始进入金朝的统治之下（图8-60）。

唐朝时，曾在漠南地区[53]设置了胜州（今内蒙古东胜区）、云内州（今内蒙古土默特左旗）、天德军（今内蒙古乌拉特前旗）、振武军（今内蒙古和林格尔县西）、云州（今山西大同市）、应州（今山西应县）、寰州（今山西马邑县）、朔州（今山西朔县）、蔚县（今山西蔚县）、新州（今河北涿鹿市）、武州（今河北宣化市）、妫州（今河北怀来县）等著名的"山后八州"之地，所谓山后八州，指的是位于燕山以西、太行山以北至蒙古高原南缘之间的广阔区域。[54]由唐朝所设置州（军）的地理位置可以发现，这一地带位于华北平原与蒙古高原南缘之间，是农耕与游牧民族之间碰撞与交融的核心区域之一，具有重要的地理区位意义。尤其是胜州、云内州、天德军、振武军等地，由于地处内蒙古黄河流域而成为当时对此地区开发的主要参与者（图8-61）。

图 8-61　金铭文葵形铜镜（鄂尔多斯博物馆供图）

图 8-62　金双鱼纹铜镜（鄂尔多斯博物馆供图）

图 8-63　金仙人故事纹铜镜（鄂尔多斯博物馆供图）

图 8-64　金人物故事纹带柄铜镜（鄂尔多斯博物馆供图）

　　由上述可见，辽朝覆灭之后，女真建立的金朝又继续对内蒙古黄河流域东部地区进行治理。12世纪之后，金朝初建时，因辽政权的存在，其与西夏之间的往来被辽所阻隔，金、夏尚未有直接联系。随着反辽战争的节节胜利，在攻占辽的上京之后，金才与当时派兵援助辽天祚帝的西夏首次接触。1122年至1123年间，金与西夏双方在河套地区东北发生多次战争，结果西夏军队屡次战败，损失惨重。辽于1125年灭亡后，金朝全面接管辽朝的疆域。此后，金与西夏在鄂尔多斯高原地区又开始了争夺战，金夏之间的疆界也因双方关系的变化而频繁

变更。[55] 但金朝多属于胜利一方，其疆域也逐渐向西拓展（图8-62—图8-64）。

　　在灭了辽政权之后，金人又把目光聚集到北宋，企图南下拓展疆域。金朝为了在进攻北宋的过程中能够得到西夏的配合与协作，主动将部分靠近西夏的疆土割让给西夏，将原来辽朝天德军、云内州、金肃军、河清军及武州与河东八馆之地，一并割付给夏国，其范围基本包括今阴山山脉东段以南、漠南地带及山西西北部在内的大片区域。与此同时，金朝又以原来许诺北宋的山后诸州为诱饵，鼓动西夏配合金朝进攻北宋，令其腹背受

图 8-65-1

图 8-65-2

图 8-65-3

图 8-65　金宣明县铭文方形铜印（鄂尔多斯博物馆供图）

敌。在此诱惑之下，西夏出兵大举进攻武（今山西省五寨县）、朔（今山西省朔州市）二州及北宋丰、麟诸州。1127年，金朝灭掉北宋政权后，为了完整控制漠南地区，形成对西夏和中原地区的有效防范，开始出兵收复天德军、云内州等地，金朝政权出尔反尔的态度，引起了西夏政权的强烈不满。但是面对这个刚刚灭掉了北宋且发展势头如日中天的金朝政权，已经渐趋衰弱的西夏政权也只是敢怒而不敢言，只能委曲求全、顺应金朝的要求。[56]至此，确定了金朝对内蒙古黄河流域中部及东部地区的绝对控制（图8-65）。

根据陆瑶的考察，金、夏在鄂尔多斯高原的界限，经过一番动荡后逐渐稳定下来。具体来说，双方疆域北部以黄河为界，东南部以金朝控制的麟州西界为界限，南部除无定河下游河谷的绥德军外，整个横山地区实际由西夏掌控。[57]可见，在内蒙古黄河流域，金朝主要是控制了漠南地区，金朝在对漠南、山西人口进行大规模迁徙之后，很快又移置其他各民族人口补充当地人口的不足。

（二）金政权对内蒙古黄河流域的开发利用

金朝继承了北宋的"路制"统治模式，其疆域内设置的各路中，设有总管府、转运司、提刑司三个机构。在鄂尔多斯高原及邻近地区设置的行政机构有：西京路的丰州、云内州和东胜州，辖区相当于今山西省北部、河北省西北部和内蒙古中部；河东北路的葭州，辖区相当于今陕西省神木至佳县一带及山西省中部；鄜延路之延安府、绥德州，约为今陕西省榆林市、延安市大部分地区。[58]可见，鄂尔多斯高原特殊的地理环境及宋、西夏、辽、金诸政权对这一地区的争夺与控制，是此时期内蒙古黄河流域被不同政权交替或被同时割据控制的主要原因（图8-66）。

在金代统治时期，辽朝设置的西京道的经济文化发展几乎超过了辽朝全盛时期。金朝在漠南地区的统治，除了沿袭辽代州县建置外，也有一些新的创置。如设置于今内蒙古中西部境内的州府机构主要有：昌州（今内蒙古锡林郭勒盟太仆寺旗九连城古城

图8-66 金篆书"泰和重宝"铜钱（鄂尔多斯博物馆供图）

图8-67-1 城墙

图8-67 丰州古城（鄂尔多斯博物馆供图）

遗址）、桓州（今内蒙古锡林郭勒盟正蓝旗北四郎城古城遗址）、净州（今内蒙古乌兰察布市四子王旗城卜子古城遗址）、燕子城（今河北省张北县北，即金代抚州）、北羊城（即辽代炭山羊城，今滦河上游沽源县南境）、辖里尼要（即狗泊，今内蒙古锡林郭勒盟太仆寺旗九连城淖尔）、丰州（今内蒙古呼和浩特市东白塔子古城遗址）、云内州（今内蒙古包头市托克托县东北古城遗址）（图8-67）、

图8-67-2 卫星图

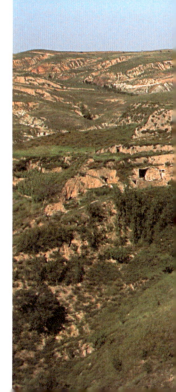

德州（今内蒙古凉城县麦胡图西北古城遗址）、金肃军（今内蒙古达拉特旗耳字壕东南古城遗址）、西平军（今内蒙古准格尔旗纳林北古城遗址）、宁边州（今内蒙古清水河县西南城湾梁古城遗址）、东胜州（今内蒙古托克托县）。

这些府州的设置，基本上构成了金朝在漠南地区完整的行政统治体系。[59]这些机构也成为对内蒙古黄河流域开发建设的主要角色，包括以兴建定居聚落与移民及土地开垦为手段的开发建设，同时也出现了众多围绕着军事防御与战争

图 8-67-3　全景

图 8-68　丰州古城内出土的石狮子底座（鄂尔多斯博物馆供图）

而兴修的建筑设施。

　　综上可知，辽与西夏、金时期，基本上结束了北方游牧民族此起彼伏、前赴后继的历史发展状态，展现出浓厚民族文化养育的多个民族政权同时存在的草原历史发展的新格局。辽、金及此后兴起的元朝一体化历史发展进程，将北方草原游牧民族的传统文化与中原地区的传统农耕文化进一步融合，奠定了古代中国文化发展的基本区划，开启了古代中国政治体制沿革新的发展阶段。首先，确立了古代北方地区政治重心的历史地位；其次，奠定了以省县制度取代州郡制度的基本国体的发展方向。[60] 由此也

可以发现，此时期不仅仅是在内蒙古黄河流域，在整个北方草原上都呈现出农耕与游牧民族之间相互碰撞交流，又相互融合促进的发展趋势（图8-68）。

　　这一时期北方草原上游牧民族将统治区域继续向更广阔区域（尤其是向南方）拓展，根据王会昌的考察，五代十国时中原王朝疆域最北端为39°24′N，115°E（今河北省涞源县塔崖驿），北宋时中原王朝疆域最北端为39°6′N，115°E（今河北省易县南管头），南宋时中原王朝疆域最北端为32°18′N，115°E（今河北省易县南管头）。[61] 可见，这一时期草原游牧民族实际统治区域向南有了大幅

图 8-69 宋代黑釉 "丰泉瓶" 铭文瓷瓶（内蒙古博物院供图）

图 8-70 金代"大德二年"铜权（鄂尔多斯博物馆供图）

能，尤其是以游牧经济为主或是本族内部经济中有一定畜牧业的契丹、党项及女真等草原民族，在其昌盛之时必然为游牧经济发展及分布范围扩大提供更大可能。而此过程，进一步促进了草原民族与中原汉族之间的相互交流（图8-69）。

除上述所提及的契丹、党项、女真等建立过强大政权的民族外，这一时期北方草原上还存在一些其他民族。因此，自10世纪初期开始，蒙古草原上绝大部分地区分布着诸多游牧民族，不仅数量众多，而且民族成分构成也比较复杂。在数量众多的游牧部落集团中，既有世代生活于此、活动区域相对稳定的部落集团，也有唐朝中晚期以来迁徙至此的新游牧部落集团。他们或是来自西北阿尔泰山的草原，或是来自东北大兴安岭东端的草原，或是生活在河西走廊及祁连山附近，或是生活在阴山南北地带，从而构成了当时一幅蔚为壮观的多民族杂居分布、共同生存的景观。[62] 北方草原上的这一民族分布格局也体现出五代十国及宋、辽、西夏及金时期整个中国历史发展的基本特征，那就是多民族在碰撞与交流过程中共同推动着中国历史的发展（图8-70—图8-75）。

度推进，这也表明此时期北方草原上的诸政权势力之崛起。这些草原政权在崛起的过程中将疆域不断向南拓展，同时也将其本民族的生产及生活方式向更广阔的地区传播。这一时期北方草原上诸政权的建立民族多数以游牧经济为主，虽然我们无法断言游牧民族政权实际控制区域扩大就一定能够促进游牧经济分布范围向更广阔的地区推广，但这为游牧经济向更广阔区域的扩展提供了可

图 8-71 北宋"圣宋元宝"铜钱（鄂尔多斯博物馆供图）

图 8-72 北宋"皇宋通宝"铜钱（鄂尔多斯博物馆供图）

图 8-73 北宋 "元丰通宝" 铜钱（鄂尔多斯博物馆供图）

图 8-74 北宋 "元祐通宝" 铜钱（鄂尔多斯博物馆供图）

图 8-75 北宋篆书 "熙宁元宝" 铜钱（鄂尔多斯博物馆供图）

注释

［1］　任爱君主编：《内蒙古通史》第二卷《辽西夏金时期的内蒙古地区》，北京：人民出版社 2011 年版，第 45~57 页。

［2］　耶律阿保机，姓耶律，名亿，小字啜里只，出生于唐咸通十三年（872 年），去世于 926 年 9 月 6 日，辽朝的开国君主。耶律阿保机本为契丹迭剌部霞濑益石烈耶律弥里人，是耶律氏族内的贵族子弟。耶律阿保机为辽德祖耶律撒剌的长子，生母为宣简皇后萧氏。耶律阿保机童年的不幸遭遇塑造了他坚毅勇敢的性格，等到成年以后，耶律阿保机由于智勇兼备，能征善战，得到了当时操持契丹汗国军政大权的伯父释鲁的信任，并被委任为"挞马狘沙里"，即释鲁的个人近卫军；还多次参与到征讨室韦、奚族及越兀的战争中，因其作战勇猛、功勋卓著，故被部民称为"阿主沙里"，这也为他后来担任契丹军事首脑并建立辽国政权提供了更加便利的条件。

［3］　（元）脱脱等：《辽史》卷七十一《后妃传·玄祖简献皇后萧氏》，北京：中华书局 1974 年版，第 1198~1199 页。

［4］　（南宋）叶隆礼：《契丹国志》卷一《太祖大圣大明神烈天皇帝》，贾敬颜、林荣贵点校，上海：上海古籍出版社 1985 年版，第 5 页。

［5］　（元）脱脱等：《辽史》卷一百一十六《国语解》，北京：中华书局 1974 年版，第 1535 页。

［6］　任爱君：《契丹四楼源流说》，《历史研究》1996 年底 6 期，第 35~49 页。

［7］　（元）脱脱等：《辽史》卷一百一十六《国语解》，北京：中华书局 1974 年版，第 1535 页。

［8］　任爱君主编：《内蒙古通史》第二卷《辽西夏金时期的内蒙古地区》，北京：人民出版社 2011 年版，第 259~260 页。

［9］　任爱君主编：《内蒙古通史》第二卷《辽西夏金时期的内蒙古地区》，北京：人民出版社 2011 年版，第 259~260 页。

［10］马大正主编：《中国边疆经略史》，武汉：武汉大学出版社 2013 年版，第 250 页。

［11］（元）脱脱等：《辽史》卷六十《食货志》下，北京：中华书局 1974 年版，第 925 页。

［12］吴松弟：《中国人口史》第三卷《辽宋金元时期》，上海：复旦大学出版社 2000 年版，第 196 页。

［13］韩茂莉：《草原与田园——辽金时期西辽河流域农牧业与环境》，北京：生活·读书·新知三联书店 2006 年版，第 115 页。

［14］（北宋）欧阳修：《新五代史》卷七十二《四裔附录·契丹》，北京：中华书局 1974 年版，第 886 页。

［15］（元）脱脱等：《辽史》卷二《太祖纪》下，北京：中华书局 1974 年版，第 17 页。

［16］（元）脱脱等：《辽史》卷二《太祖纪》下，北京：中华书局 1974 年版，第 17 页。

［17］（元）脱脱等：《辽史》卷二《太祖纪》下，北京：中华书局 1974 年版，第 19 页。

［18］（元）脱脱等：《辽史》卷三《太宗纪》上，北京：中华书局 1974 年版，第 39 页。

［19］任爱君主编：《内蒙古通史》第二卷《辽西夏金时期的内蒙古地区》，北京：人民出版社 2011 年版，第 243 页。

［20］（元）脱脱等：《辽史》卷四十五《百官志一·序》，北京：中华书局 1974 年版，第 685 页。

［21］冯季昌、姜杰：《论科尔沁沙地的历史变迁》，《中国历史地理论丛》1996 年第 4 期，第 1、105~120 页。

［22］（元）脱脱等：《辽史》卷三十二《营卫志中·行营序》，北京：中华书局 1974 年版，第 373 页。

［23］吐谷浑部：原来是东部鲜卑慕容部分化出来的草原游牧部落，在公元 4 世纪初期，其首领吐谷浑率领部众从辽河下游迁徙到阴山以南地区，在这里短暂停留之后，又继续向西南迁徙至今青海湖周遭，并与生活在那里的古羌族部落杂居融合，形成了特点鲜明的吐谷浑部落。因吐谷浑部落在内蒙古黄河流域存在时间较短，关于此时期的相关历史文献资料与活动遗迹难以寻觅或梳理，因而不做具体介绍。

［24］任爱君主编：《内蒙古通史》第二卷《辽西夏金时期的内蒙古地区》，北京：人民出版社 2011 年版，第 58 页。

［25］（元）脱脱等：《宋史》卷四百九十一《外国七·党项列传》，北京：中华书局 1977 年版，第 14138 页。

［26］（元）脱脱等：《宋史》卷二百六十四《宋琪传》，北京：中华书局 1977 年版，第 9129 页。

［27］刘晓姗：《宋代鄂尔多斯高原民族地理研究》，西安：陕西师范大学 2017 年硕士论文，第 22 页。

［28］任爱君主编：《内蒙古通史》第二卷《辽西夏金时期的内蒙古地区》，北京：人民出版社 2011 年版，第 58~59 页。

［29］李德明（981 年—1032 年），为夏太祖李继迁长子，小字阿移，元代脱脱在编《辽史》时，为了避讳辽穆宗耶律明之名字，将其记述为"李德昭"。李德明统治西夏时期，不仅保存了祖先留下来的基业，更是励精图治，不断向外拓展领土，为称帝奠定了必备条件，更为西夏立国打下了坚实的基础。死后谥号光圣皇帝，庙号太宗。

［30］任爱君主编：《内蒙古通史》第二卷《辽西夏金时期的内蒙古地区》，北京：人民出版社 2011 年版，第 290~291 页。

［31］梁景宝：《辽宋夏金元时期鄂尔多斯高原军事地理研究》，西安：陕西师范大学 2018 年硕士论文，第 12 页。

［32］（南宋）李焘：《续资治通鉴长编》卷一百八十五"嘉祐二年二月条"，北京：中华书局 2004 年点校版，第 4469 页。

［33］任爱君主编：《内蒙古通史》第二卷《辽西夏金时期的内蒙古地区》，北京：人民出版社 2011 年版，第 293 页。

［34］任爱君主编：《内蒙古通史》第二卷《辽西夏金时期的内蒙古地区》，北京：人民出版社 2011 年版，第 293 页。

［35］李军平：《略论鄂尔多斯西夏文化遗存》，《前沿》2015 年第 8 期，第 106~108 页。

［36］任爱君主编：《内蒙古通史》第二卷《辽西夏金时期的内蒙古地区》，北京：人民出版社 2011 年版，第 291 页。

［37］李军平：《略论鄂尔多斯西夏文化遗存》，《前沿》2015 年第 8 期，第 106~108 页。

［38］李乾顺：西夏第四位皇帝，1085 年—1139 年在位，在位时间长达 54 年，为夏惠宗李秉常的长子，西夏杰出的君主、政治家。其母"昭简文穆皇后梁氏"和祖母"毅宗皇后梁氏"均为汉族。李乾顺亲政后整顿吏治，结束了累朝出现的外戚贵族专政的局面。在内政外交方面均有较大建树。内政方面，李乾顺确定了君主集权的管理体制，他本人又励精图治，致使西夏政治清明，国力日益强盛，并注重吸收汉学，社会经济得以恢复发展。在外交方面，李乾顺抓住时机，首先联合辽国入侵宋朝，由此夺取了宋王朝的大片土地。之后，又在辽天祚帝向西夏求救时断然拒绝，联合金朝灭了辽、宋，趁机取河西千余里之地，西夏疆域再一次得到扩展。

［39］高仁：《西夏时期鄂尔多斯高原的畜牧经济》，《西夏学》2019 年第 1 期，第 73~80 页。

［40］李军平：《略论鄂尔多斯西夏文化遗存》，《前沿》2015 年第 8 期，第 106~108 页。

［41］（清）董诰：《全唐文》卷七百三十七，北京：中华书局 1983 年版，第 764 页。

［42］（北宋）司马光：《资治通鉴》卷二百九十二"显德二年正月庚辰条"，北京：中华书局 1995 年版，第 9522 页。

［43］（南宋）李焘：《续资治通鉴长编》卷三百一十八"元丰四年十月癸酉条"，北京：中华书局 1995 年版，第 7686 页。

［44］（南宋）李焘：《续资治通鉴长编》卷四百九十"绍圣四年八月乙酉条"，北京：中华书局 1995 年版，第 11624 页。

［45］（南宋）李焘：《续资治通鉴长编》卷四百九十"绍圣四年八月丙午条"，北京：中华书局 1995 年版，第 11641 页。

［46］高仁：《西夏时期鄂尔多斯高原的畜牧经济》，《西夏学》2019 年第 1 期，第 73~80 页。

［47］（元）脱脱等：《辽史》卷一百一十五《二国外纪·西夏》，北京：中华书局 1974 年版，第 1523~1524 页。

［48］杨蕤：《西夏地理研究》，北京：人民出版社 2008 年版，第 275 页。

［49］骨勒茂才：《蕃汉合时掌中珠》，载钟侃主编：《宁夏文物述略》，银川：宁夏人民出版社 1980 年版，第 71 页。

［50］骨勒茂才：《蕃汉合时掌中珠》，载钟侃主编：《宁夏文物述略》，银川：宁夏人民出版社 1980 年版，第 71 页。

［51］李军平：《略论鄂尔多斯西夏文化遗存》，《前沿》2015 年第 8 期，第 106~108 页。

［52］任爱君主编：《内蒙古通史》第二卷《辽西夏金时期的内蒙古地区》，北京：人民出版社 2011 年版，第 297 页。

［53］漠南地区：此处的漠南地区是指太行山北端，恒山以北、燕山山脉以西以北地区，包括阴山山脉的南北地带，内蒙古黄河流域的大部分地区也位于此地带。

［54］任爱君主编：《内蒙古通史》第二卷《辽西夏金时期的内蒙古地区》，北京：人民出版社 2011 年版，题记第 1 页。

［55］陆瑶：《宋辽夏金政权在鄂尔多斯高原地区的疆界变迁》，西安：陕西师范大学 2014 年硕士论文，第 41 页。

［56］任爱君主编：《内蒙古通史》第二卷《辽西夏金时期的内蒙古地区》，北京：人民出版社 2011 年版，第 297 页。

［57］陆瑶：《宋辽夏金政权在鄂尔多斯高原地区的疆界变迁》，西安：陕西师范大学 2014 年硕士论文，第 45 页。

［58］刘晓姗：《宋代鄂尔多斯高原民族地理研究》，西安：陕西师范大学 2017 年硕士论文，第 12~13 页。

［59］任爱君主编：《内蒙古通史》第二卷《辽西夏金时期的内蒙古地区》，北京：人民出版社 2011 年版，第 354~355 页。

［60］任爱君主编：《内蒙古通史》第二卷《辽西夏金时期的内蒙古地区》，北京：人民出版社 2011 年版，第 82~83 页。

［61］王会昌：《2000 年来中国北方游牧民族南迁与气候变化》，《地理科学》1996 年第 3 期，第 274~279 页。

［62］任爱君主编：《内蒙古通史》第二卷《辽西夏金时期的内蒙古地区》，北京：人民出版社 2011 年版，题记第 57 页。